ANTONINE

PAR

ALEXANDRE DUMAS FILS.

II

PARIS,
HIPPOLYTE SOUVERAIN, ÉDITEUR,
Rue des Beaux-Arts, 5.

1849

ANTONINE

II

— SOUS PRESSE. —

TROIS HOMMES FORTS,
Par ALEXANDRE DUMAS fils.

MÉMOIRES DE TALMA
PUBLIÉS PAR SA FAMILLE
ET MIS EN ORDRE
PAR ALEXANDRE DUMAS.

NOBLESSE OBLIGE
Par F. DE BAZANCOURT.

LES QUATRE NAPOLITAINES
TOMES 5 ET 6.
PAR FRÉDÉRIC SOULIÉ.

LA TERRE PROMISE,
PAR ALPHONSE BROT.

SOLANGE DE FRESNE,
PAR A. DESLOGE.

LES DEGRÉS DE L'ÉCHELLE,
TOMES 5, 6 ET DERNIER.
Par Mme la Comtesse D'ASH.

Typographie de H. V. de Surcy et Cie, rue de Sèvres, 57.

ANTONINE

PAR

ALEXANDRE DUMAS FILS.

II

PARIS,
HIPPOLYTE SOUVERAIN, ÉDITEUR,
Rue des Beaux-Arts, 5.

1849

I

SERMENT FAIT, SERMENT TENU.

Edmond voulait monter chez mademoiselle Devaux, se jeter à ses pieds, lui dire combien il l'aimait déjà avant le sacrifice qu'elle venait de faire, et combien ce sacrifice avait encore augmenté son amour; mais Gustave le retint.

— Nichette a ses entrées dans la maison, lui dit-il; allons chez elle, écris une lettre à Antonine, et elle la lui portera.

— Tu as raison, fit Edmond, allons vite... Et, en effet, il hâta sa marche.

Edmond était si heureux de l'idée qu'Antonine allait être à lui, que cette idée donnait presque un démenti à la sinistre révélation du matin. Il ne se souvenait plus que d'une chose : c'était qu'Antonine l'aimait, qu'elle serait sa femme, et il portait à ses lèvres l'anneau qu'elle lui avait envoyé.

— Elle est belle, n'est-ce pas? disait-il à Gustave. Qui m'eût dit, il y a quatre jours, quand nous la suivions sur le même trottoir où nous sommes en ce moment, qu'aujourd'hui j'en serais déjà où j'en suis? Allons, si Dieu ne me donne pas de longues années à vivre, ajouta-t-il en riant, il précipite pour moi les préliminaires du bonheur, et, somme toute, j'y retrouverai mon compte. Qu'est la vie, après tout, si ce n'est quelques jours heureux au milieu de chagrins, de luttes, d'attentes, de désillusions sans nombre? La Providence me sourit à moi, qui, ce matin, me croyais maudit. Antonine sait que je mourrai jeune, et son amour ou sa pitié écartera de moi tout ce qui pourrait me faire peine. Je n'aurai vécu que mes jours heureux, et, quand j'arriverai au terme fixé, je retrouverai dans mon passé de quoi faire le bonheur de deux existences d'une durée ordinaire. Le bonheur est-il dans les jours vécus? Non; il est dans les jours remplis par l'amour, par l'amitié, par toutes les consolations divines que Dieu accorde à la terre. Ai-je jamais été malheureux, moi? Je suis aimé, adoré de ma mère, je suis aimé de toi, je suis aimé d'Antonine. Est-il un homme de soixante ans qui puisse, en additionnant ses jours passés, trouver un total égal au mien? Non, vois-tu bien, Gustave, je suis heureux comme je n'aurais jamais cru pouvoir être.

Et en parlant ainsi, Edmond souriait, et il marchait fièrement.

Qu'est-ce donc que l'amour, ce mot qui a la puissance de faire regarder la mort en riant, et de changer en un instant le désespoir en espérance, et la douleur en joie?

Gustave tenait les mains d'Edmond.

— Je suis bien content de te voir ainsi, lui disait-il; espère, ami, espère.

Que diable ! ce M. Devaux peut s'être trompé, et nous nous apercevrons un jour que son erreur n'aura servi qu'à hâter ton mariage avec sa fille.

Edmond ne répondit rien à cela. Partageait-il jusque-là l'espoir de Gustave ? Non. D'ailleurs, par un sentiment que nous n'essaierons pas de décrire, mais que l'on comprendra, il lui eût semblé être ingrat envers la mort qui le rendait si heureux, s'il n'avait pas continué de croire qu'il lui appartenait et qu'il lui devait une revanche.

C'était de la superstition ; mais l'amour n'est-il pas le père de toutes les superstitions, de toutes les croyances, de tous les rêves ?

Les deux amis arrivèrent chez Nichette.

La première chose que fit Edmond

fut de sauter au coup de la jeune fille.

— Ma bonne Nichette ! s'écria-t-il, Antonine m'aime, elle va m'épouser. Voici son anneau ; c'est Gustave qui a arrangé tout cela. Donnez-moi bien vite du papier et de l'encre, que je lui écrive.

Nichette regardait son amant, qui lui fit des yeux signe que tout cela était bien vrai, et qu'Edmond n'était pas fou.

Nichette fut enchantée de voir le jeune homme dans cette disposition d'esprit, et elle lui donna tout ce qu'il faut pour écrire.

— Nichette, dit Edmond en s'asseyant, vous allez me rendre un service.

— Avec plaisir.

— Vous irez porter à Antonine la

lettre que je vais écrire, et dont j'attendrai ici la réponse.

— Alors, je vais m'habiller, dit Nichette; et elle passa dans la chambre voisine pour se préparer à sortir.

Gustave l'y suivit. Edmond se mit à écrire :

« Mademoiselle, Antonine, com-
« ment dois-je vous nommer, après
« ce que je viens d'apprendre? Dois-je
« me renfermer dans mon respect,
« ou me permettez-vous de vous par-
« ler avec tous les sentiments que j'é-
« prouve? Ainsi, vous si belle, si heu-
« reuse; vous que je ne connais que
« depuis quatre jours; vous à qui je
« n'ai pas encore adressé la parole;
« vous qui pouvez choisir entre les
« plus nobles le mari que vous voudrez,
« vous consentez à m'aimer, vous pre-

« nez en pitié celui que votre père con-
« damne... Oh! bénie soit cette mort
« qui me rapproche de vous! Merci,
« Antonine, merci de tout le bonheur
« que je vous dois!...

« Ce que Gustave vous a dit ce ma-
« tin, la félicité que vous m'accordez,
« pendant un instant j'avais rêvé tout
« cela; mais, moi, je n'eusse jamais
« osé vous demander un pareil sa-
« crifice. Et voilà qu'aux premiers
« mots qu'il vous a dits, vous avez con-
« senti à être ma femme, à associer
« votre avenir plein de jours à mon
« avenir limité..... Vous n'avez pas
« voulu abandonner au désespoir une
« âme qui espère en vous, et votre
« douce pitié pour moi vous a fait faire
« ce que l'amour vous eût fait faire
« plus tard pour un autre. Que cela

« est bien, Antonine ! que cela est gé-
« néreux ! et que Dieu serait injuste s'il
« ne vous récompensait pas un jour
« du bien que vous faites aujourd'hui !
« Mais ce peu de jours que j'ai à vivre,
« je veux les employer à ma recon-
« naissance. Il y aura peut-être au
« monde des femmes plus heureuses,
« mais il n'y en aura pas de plus ai-
« mées que vous. Je serai votre es-
« clave soumis et dévoué. C'est Dieu
« qui a permis que je vous rencon-
« trasse, c'est lui qui a voulu ce qui
« est ; car, autrement, comment m'ex-
« pliquer le bonheur qu'il m'accorde
« en si peu de temps ?

« Vous n'avez plus de mère, Anto-
« nine, ma mère sera la vôtre. Vous
« verrez comme elle est bonne, comme
« elle vous aimera ! presque autant
« que je vous aimerai !

« Votre père sera le mien; nous l'en-
« tourerons de soins et d'affections,
« nous le flatterons dans ses goûts et
« dans ses habitudes. Et ce sera encore
« de l'égoïsme de ma part; car, un
« jour, j'aurai besoin de lui pour qu'il
« prolonge un peu ma vie, et qu'il me
« fasse vous voir plus longtemps...

« Si vous saviez comme je vous aime,
« Antonine!... Oh! laissez-moi vous
« dire dans cette lettre tout ce que j'ai
« de joie et de ravissement dans l'âme!
« Ordinairement, ce n'est qu'au bout
« d'un long temps qu'on se permet d'a-
« vouer à la femme qu'on aime tous
« les sentiments qu'elle a éveillés en
« nous. Une fatalité providentielle
« m'autorise, quatre jours après notre
« première rencontre, à vous parler à
« cœur ouvert. Écoutez donc tout ce
« que j'ai besoin de vous dire.

« Ce matin, en apprenant le mal
« dont je suis atteint, je maudissais le
« ciel et la vie ; et maintenant, que je
« sais être aimé de vous, quoique le
« mal existe toujours, quoique rien ne
« démente la prédiction que votre père
« a faite, mon cœur défie les plus
« joyeux. Autant je maudissais la vie,
« autant je l'aime. Un mot de vous a
« dissipé toutes mes tristesses. J'ai
« l'éternité dans l'âme. Il n'y a pas une
« voix dans la nature que je n'entende
« et que je ne comprenne ; il me sem-
« ble que je suis le centre où viennent
« se grouper tous les bienfaits de Dieu.
« Je ris et je pleure ; je voudrais errer
« seul dans la campagne, le front à
« l'air, et crier aux arbres, aux nua-
« ges, aux fleurs, aux horizons : —
« Vous ne savez pas ?..... Antonine
« m'aime !.....

« Quand je pense qu'il y a des gens
« qui prononcent votre nom sans sa-
« voir tout ce que ce nom renferme de
« dévouement, de joie, d'innocence,
« de jeunesse et d'amour!... Que la
« vie est belle! que Dieu est bon! Est-
« il quelque chose dans le monde de
« plus sacré, de plus noble que deux
« jeunes cœurs bien unis; qui ne se
« rappellent de leur passé que le temps
« où ils pensaient l'un à l'autre, qui
« ne voient dans l'avenir que le temps
« qu'ils passeront ensemble!... Ces
« deux cœurs, ce sont les nôtres, et
« cela depuis une heure!

« Est-ce bien ainsi que je devais
« comprendre votre réponse?

« Je vous écris sans songer à termi-
« ner ma lettre. Les mots viennent
« en foule sous ma plume. Il me
« semble impossible cependant de

« vous exprimer tout ce que je sens.

« Songez que vous êtes la première
« femme que j'aie aimée..., et si vous
« saviez comme vous êtes belle, Anto-
« nine!

« Une voix secrète me disait l'au-
« tre jour, quand je vous suivais, que
« ma vie allait s'attacher à vous. Quel-
« que chose ne vous avertissait-il pas
« aussi que je jouerais un rôle dans
« votre avenir? Est-ce avec intention
« que vous avez laissé tomber votre
« gant? Si vous aviez pu voir comme
« mon cœur battait quand je vous l'ai
« remis. Vous avez rougi en le rece-
« vant. Qui oserait nier maintenant la
« loi des sympathies mystérieuses?

« Que vous dirai-je encore, Anto-
« nine? Mon âme déborde!

« Maintenant que dois-je faire? Me

« sera-t-il permis de vous voir, de vous
« regarder un instant et de me dire :
« Cet ange est à moi ? Faut-il que j'aille
« trouver votre père ou que ce soit ma
« mère qui lui demande le consente-
« ment dont nous avons besoin, et que
« j'ai hâte d'avoir ?...

« Il y a des moments où je doute
« que ce que Gustave vient de me ré-
« péter soit vrai. Je crains alors qu'une
« froide réalité ne vienne me dire :
« Vous avez rêvé, Antonine ne vous
« aime pas, elle ne songe même pas à
« vous! Ah! si cela arrivait, j'aurais
« encore trop de temps à vivre... »

— Eh bien! fit Nichette en entrant,
vous écrivez encore?...

— J'ai tant de choses à dire!... répondit Edmond.

— Et toutes ces choses-là ne touchent pas à leur fin? demanda la modiste.

— Si, ma bonne Nichette, j'ai fini.

— Je n'aurai rien à dire à mademoiselle Devaux?

— Rien qu'à lui remettre cette lettre.

En disant cela, Edmond pliait la lettre et la cachetait.

— Je vous retrouverai ici? dit Nichette en la prenant.

— Oui, je vous attends avec Gustave.

Nichette prit congé de ses amis et sortit.

Elle trouva Antonine encore tout émue de ce qui venait de se passer entre elle et Gustave.

En vain madame Angélique l'avait questionnée, Antonine n'avait rien voulu répondre, et la brave dame en avait été réduite à se rendormir sur le *Château de Kénilworth.*

— Je crois avoir fait ce que je devais faire, se disait la jeune fille. Je sens bien qu'un jour j'eusse aimé Edmond, si je ne l'aime déjà; mais que dira mon père?

Antonine en était là de ses réflexions quand Nichette entra.

Madame Angélique se réveilla en sursaut en entendant entrer la modiste.

— Vous venez de la part de M. de Péreux? fut le premier mot d'Antonine.

— Oui, mademoiselle, répondit Nichette.

— Qu'est-ce que ce M. de Péreux?

demanda madame Angélique en se frottant les yeux.

— C'est mon mari, répondit mademoiselle Devaux.

— Jésus Dieu! s'écria la gouvernante en regardant la jeune fille, vous devenez folle.

— Aucunement, ma chère madame Angélique, répliqua Antonine, qui depuis une heure avait compris qu'elle n'était plus une enfant, et qui n'eût pas voulu faire à ses sentiments la honte de les cacher. Que vous a-t-il chargée de me dire? continua-t-elle en s'adressant à Nichette.

— Il m'a remis cette lettre pour vous, mademoiselle; et en même temps Nichette, qui voyait qu'il n'y avait plus besoin de mystère, passait la lettre d'Edmond à la fille du médecin.

— M'expliquerez-vous ce que tout cela signifie? demanda madame Angélique, en fermant son livre.

— Cela signifie, lui répondit Antonine, qui avait déjà ouvert la lettre, que M. de Péreux m'aime, que je l'aime, et que je vais l'épouser.

— Et monsieur votre père a autorisé cette correspondance?

— Mon père ne sait encore rien de tout cela.

— Alors il est de mon devoir de le prévenir.

— C'est inutile, car dans un instant je vais le prévenir moi-même.

En même temps Antonine commençait la lecture de la lettre qu'elle venait de recevoir, et Nichette, qui l'observait, voyait trembler ses mains et se colorer ses joues.

Mademoiselle Devaux sentait son cœur battre violemment.

Elle ne s'interrompait que pour dire: « Comme il m'aime! »

— A quoi est-ce que je sers ici? se demandait madame Angélique. On ne me dit rien et je ne vois rien.

— Que madame de Péreux ait la bonté de venir voir mon père demain, dit Antonine à Nichette. Il sera prévenu. C'est vous qui êtes la cause de tout cela, mademoiselle, ajouta mademoiselle Devaux, qui ne doutait pas que la modiste fût au courant de tout ce qui se passait.

— Dois-je le regretter, mademoiselle? demanda Nichette.

— Non, répliqua Antonine, car je n'oublierai jamais que c'est vous qui m'avez apporté la lettre que je viens de lire. Vous direz à M. de Péreux ce que j'en ai fait, et vous ajouterez qu'en vous quittant je suis entrée dans le cabinet de mon père.

En disant cela, Antonine glissait la lettre d'Edmond sous le corsage de sa robe, et sortait de sa chambre pour se rendre auprès de M. Devaux.

— Mon père, mon bon père, dit-elle en s'asseyant sur les genoux du docteur, je viens te parler de choses sérieuses.

— Tu m'effraies, s'écria M. Devaux en riant.

Des choses sérieuses à ton âge, chère enfant... qu'est-ce que cela peut être?

— Mon père, reprit Antonine d'une voix grave, j'aime quelqu'un.

— Tu aimes quelqu'un?... répéta

M. Devaux, que ce début étonna bien un peu.

— Oui, quelqu'un qui m'aime, et je viens vous avertir que sa mère viendra demain vous demander ma main pour lui.

Le médecin regarda sa fille avec un réel étonnement.

— Et c'est toi qui as arrangé cela toute seule?

— Oui, mon père.

— Quel est ce jeune homme? car je suppose que celui que tu aimes est jeune. Nomme-le-moi, et s'il est digne d'avoir pour femme celle que tous les jours je remercie Dieu de m'avoir donnée pour fille, tu l'épouseras.

— C'est M. Edmond de Péreux, mon père.

— M. Edmond de Péreux.... je ne

connais pas ce nom-là, fit le docteur, qui ne se rappelait déjà plus la visite que lui avait faite Edmond.

— Vous êtes bien oublieux, dit Antonine en étendant la main et en montrant une carte.

— Ce jeune homme qui est venu me consulter, il y a deux jours? demanda M. Devaux en reconnaissant la carte du malade.

— Lui-même, mon père.
— Et il t'aime?
— Oui.
— Depuis longtemps?
— Depuis qu'il m'a vue.
— Et il t'a vue?
— Il y a quatre jours.
— Et tu l'aimes aussi, sans doute?
— Comme il m'aime.
— Depuis le même temps?

— Oui, mon père.

— Tu es folle, mon enfant.

— J'ai toute ma raison, mon père, je vous le jure.

— Tu sais bien que tu ne peux être la femme de M. de Péreux.

— Pourquoi ?

— Parce que M. de Péreux sera mort avant trois ans, parce que je le sais, et que le sachant, je ne puis donner ma fille à un homme qui la laissera veuve, après trois ans de mariage, avec des enfants frappés du même mal que lui. Dis-moi que tout cela n'est qu'un enfantillage, et n'en parlons plus.

— Rien n'est plus sérieux, mon père, fit Antonine, et c'est justement là raison qui vous ferait refuser ma main à M. de Péreux qui me le fait aimer.

— Je ne te comprends pas.

— C'est pourtant bien simple, mon père. M. de Péreux m'aime. Je sais comme vous qu'il n'a que trois ans au plus à vivre, et je veux devenir sa femme pour qu'il soit heureux pendant ces trois dernières années.

— Et tu crois que je consentirai à ce sacrifice?

— Il le faudra bien, mon père.

Non-seulement jamais Antonine n'avait parlé de la sorte à M. Devaux, mais encore jamais il n'eût soupçonné qu'elle pût lui parler avec autant de caractère et de volonté.

— Il le faudra bien, reprit-il, et pourquoi cela?

— Parce que depuis une heure je suis fiancée à lui. Voyez plutôt, mon père, continua la jeune fille en montrant sa main, je n'ai plus l'anneau de ma mère, je le lui ai donné, avec le serment que jamais je n'appartiendrais à un autre. On n'a pas de temps à perdre, mon père, quand on aime un homme qui n'a que trois ans à donner à la femme qu'il épousera.

— Et c'est en trois jours que tu as arrangé tout cela?

— C'est en cinq minutes, mon père.

— Et tu as pu croire un instant que je consentirais à ce mariage?

— C'est parce que je savais que vous vous y opposeriez que j'ai donné cet anneau et que j'ai fait ce serment.

— Tu ne seras jamais la femme de M. de Péreux, de mon vivant du moins.

— C'est sur la tombe de ma mère

que j'ai fait ce serment, répondit Antonine.

— Il n'y a pas sacrilége là où il y a folie, et tu es folle. Je ne te laisserai pas, pour une sentimentalité poétique, contracter une union qui sera le malheur de ta vie. Ton bonheur avant tout. J'ai plus de raison et je vois mieux les choses que toi; crois-moi, mon enfant, renonce à M. de Péreux et n'engage pas ainsi ton avenir, dont je réponds devant Dieu. Or, Dieu, qui me permet de voir ce que les autres hommes ne voient pas, veut que cette triste science serve au moins au bonheur de mon enfant. Ne me parle donc plus de cela. Je te remettrais au couvent si je pouvais croire un instant que d'ici à huit jours tu n'auras pas repoussé toutes ces idées.

— C'est votre dernier mot, mon père?

— Oui.

— J'aurai beau vous dire que mon bonheur, que le bonheur de M. de Péreux, que le bonheur de sa mère elle-même dépendent de cette union, vous vous y opposerez?

— Par le raisonnement d'abord, puis, ajouta M. Devaux d'un ton un peu plus sévère, par tous les moyens que mes droits de père mettent en mon pouvoir, si le raisonnement ne suffit pas.

— Ainsi, vous direz demain à cette mère : Je refuse la main de ma fille à votre fils, parce qu'il est mortellement malade.

— Je ne le lui dirai pas; mais j'aimerais mieux le lui dire, dût-elle en mourir, que de consentir à ce mariage, qui, de ma part, serait presque un crime. Si tu étais mère, et que tu fusses à ma place, tu ferais ce que je fais.

— Rien ne pourra vous faire changer de résolution?

— Rien.

— Adieu, mon père.

En disant cela, Antonine embrassait le docteur.

— Tu réfléchiras, n'est-ce pas?... dit M. Devaux.

— Oui, mon père, et quel que soit le résultat de mes réflexions, je vous le ferai connaître.

Antonine, avant de rentrer dans sa chambre où se trouvait madame Angélique, s'arrêta dans son cabinet de toilette, mit le châle et le chapeau qu'elle avait le jour où Edmond l'avait vue pour la première fois, et, après s'être assurée que personne ne pouvait la voir ni l'entendre, elle ouvrit la porte de l'antichambre, et descendit l'escalier.

Arrivée dans la rue, elle monta dans une voiture qui passait et dit au cocher :

— Rue des Trois-Frères, n° 3.

II

UN MOYEN DE JEUNE FILLE.

—

— Madame de Péreux est-elle visible? demanda Antonine au domestique qui vint lui ouvrir la porte.
— Oui, mademoiselle.
— Personne n'est avec elle?
— Personne.
— Veuillez lui annoncer mademoi-

selle Antonine Devaux.

Le domestique fit passer la fille du docteur dans le salon, et ouvrit la porte du boudoir où se trouvait madame de Péreux.

A peine eut-il prononcé le nom que l'on venait de lui dire, que celle-ci se leva, et, courant au devant d'Antonine, lui dit :

— Vous êtes la fille du docteur Devaux, mademoiselle?...

— Oui, madame, répondit Antonine.

— Et vous êtes seule ici?

— Toute seule.

— Que se passe-t-il donc, chère enfant? demanda la mère d'Edmond; comment se fait-il...

—Il se passe, madame, fit Antonine en embrassant madame de Péreux, que je viens tout simplement et tout franchement vous demander si vous voulez bien être ma mère?

— Si je le veux !... oui, je le veux, enfant, et j'en serai heureuse et fière.

En disant cela, madame de Péreux entraînait Antonine dans son boudoir, lui ôtait son châle et son mantelet, la faisait asseoir et s'asseyait à côté d'elle en lui disant :

— Voyons, chère petite, contez-moi ce qui vous amène ici; et madame de Péreux considérait avec curiosité la jeune visiteuse qui préoccupait si fort son fils depuis quelque temps.

— M. de Péreux n'est pas là? fit Antonine.

— Non, mais il va venir.

— L'avez-vous vu depuis ce matin, madame?

— Oui.

— Il ne vous a rien dit à propos de moi?

— Rien, sinon qu'il vous aime; n'est-ce pas cela? Et vous, l'aimez-vous un peu?

— Serais-je ici, madame, si je ne l'aimais pas? Vous demanderais-je d'être ma mère, si je n'avais résolu d'être sa femme? Oui, je l'aime, madame; et, puisque son bonheur dépend de moi, je veux qu'il soit heureux.

— Vous êtes charmante. Que puis-je faire pour vous, qui aimez mon fils? Dites-le-moi, et, quoi que ce soit, je le ferai.

— Il vous a parlé de moi?

— Il ne fait que cela; et je vous croyais jolie, mais pas autant que vous l'êtes. Mais, chère enfant, voyons, comment se fait-il que vous soyez seule chez moi, et que votre père ou votre gouvernante ne vous accompagne pas?

— C'est bien simple, j'ai promis ma main à votre fils, madame.

— Quand cela?

— Ce matin.

— Vous l'avez vu?

— Non, mais j'ai vu un de ses amis.

— Gustave.

— C'est cela même. M. Gustave m'a dit qu'Edmond, que M. de Péreux, reprit Antonine en rougissant, ne pouvait être heureux qu'en m'épousant, alors j'ai fait le serment d'être à lui, et je lui ai envoyé l'anneau de ma mère, une sainte femme comme vous, madame.

— Je n'ai rien su de tout cela.

— A quoi bon susciter des lenteurs à ses sentiments? Votre fils m'aime, je sais ce qu'il est; je l'aime, il sait ce que je suis... pourquoi ne pas être l'un à l'autre tout de suite, pourquoi reculer volontairement son bonheur? Il y a un proverbe qui dit : « Mieux vaut tard que jamais. » J'en connais un qui serait plus vrai : « Mieux vaut tôt que tard. »

— Adorable enfant !... fit madame de Péreux, émue de cette franchise insoucieuse et innocente.

— Alors, continua Antonine, j'ai fait dire à M. de Péreux que vous pourriez, dès demain, venir me demander pour lui à mon père, et je suis entrée dans le cabinet de mon père pour le prévenir de ce que j'avais arrangé.

— Qu'a dit M. Devaux ?

— Il a dit que j'étais une folle, qu'on ne peut pas aimer un homme que l'on ne connaît que depuis quatre jours, auquel même on n'a jamais parlé, et il m'a refusé net ce que je lui demandais, en ajoutant que, si j'insistais, il me remettrait au couvent.

— Alors ?

— Alors, comme j'avais fait un serment avec la ferme intention de le tenir, ajouta Antonine d'une voix grave, et que rien dans ce monde ne saurait m'empêcher d'obéir à cette voix de mon cœur, j'ai mis mon mantelet et mon chapeau, j'ai marché sur la pointe du pied pour ne pas être entendue, j'ai descendu l'escalier, je suis montée dans une voiture, et je suis venue vous dire, madame, ce que je vous répète : Voulez-vous bien être ma mère ?

En disant cela, Antonine embrassait une seconde fois madame de Péreux.

— Ainsi, dit celle-ci, votre père ignore où vous êtes?

— Mais si vous me permettez de rester ici, je vais le lui faire dire.

— Il viendra vous chercher et il vous emmènera.

— Non, madame, fit Antonine.

— Vous croyez?

— J'en suis sûre. Je connais mon père. Il criera un peu, mais il finira par faire tout ce que je voudrai.

— Cependant, ce que vous faites est grave.

— En quoi?

— Vous sauver ainsi de chez votre père!...

— Pour venir chez vous. Quel mal

y a-t-il à cela? Et ne suis-je pas chez vous aussi en sûreté que chez lui?

— Quel ange mon fils aura pour femme !

— Et que nous serons heureux tous ensemble !

Antonine et madame de Péreux s'aimaient déjà comme si elles se fussent connues depuis dix ans.

— Maintenant, je vais écrire à mon père, fit mademoiselle Devaux.

— Voyons, mon enfant, réfléchissons un peu, répondit madame de Péreux en prenant affectueusement les mains d'Antonine dans les siennes, ne sera-t-il pas tout naturel que votre père se fâche du moyen que vous allez employer vis-à-vis de lui? Une simple lettre pour une chose aussi importante, c'est bien peu.

— Comment faire, alors?

— Je crois pouvoir tout concilier, si si vous voulez suivre mes conseils.

— Parlez, madame, parlez.

— Nous allons nous rendre chez M. Devaux: je lui dirai que je vous ramène et que je lui demande votre main pour mon fils. Il verra que votre projet n'est plus un enfantillage. Je lui ferai connaître ma position et celle d'Edmond, cela ne nuit jamais, et tout ira bien.

— Allons, fit Antonine en remettant son mantelet et son chapeau.

Au moment où les deux femmes allaient sortir du boudoir, le domestique ouvrit la porte et annonça:

M. Devaux.

Le docteur entra: il était pâle. On voyait qu'il était en proie à une émotion violente; mais son air s'adoucit un peu en revoyant sa fille.

— Tu m'as fait bien du mal, Antonine!... fut son premier mot.

Et, en effet, M. Devaux fut presque forcé de s'appuyer contre un meuble pour ne pas tomber. Il était en nage. Antonine se précipita vers lui et lui sauta au cou.

— Tu me croyais morte, bon père?... lui dit-elle en souriant.

— Sait-on jamais à quoi s'en tenir avec le caractère que tu as? fit M. Devaux. Si je ne t'avais pas trouvée ici, je n'aurais su où aller. Vous pardonnez à mon inquiétude, madame, ajouta-t-il en se tournant vers madame de Péreux, inquiétude qui m'a fait oublier de m'adresser d'abord à vous en entrant; mais vous êtes mère, et vous comprendrez ce que peut faire souffrir la disparition d'un enfant.

— Asseyez-vous, docteur, répliqua madame de Péreux. Nous allions nous rendre chez vous; mais, puisque vous avez deviné que votre fille était chez moi et que vous voilà, nous causerons aussi bien ici.

— Ainsi, fit Antonine en souriant et en allant porter dans un coin de la chambre la canne et le chapeau de son père, tu as tout de suite supposé que j'étais chez madame de Péreux?

— C'était ma seule espérance, répondit le docteur en essuyant son front inondé de sueur.

— Comme tu as chaud, mon pauvre père! dit Antonine. Tu vois comme cela peut faire mal de vouloir que les gens manquent au serment qu'ils ont fait. En même temps, la jeune fille venait se coucher aux pieds de son père, et elle lui disait tout bas : Pas un mot de la maladie de M. de Péreux, mon père, ou cette fois vous n'auriez plus de fille.

— Eh bien! docteur, dit la mère d'Edmond, me refuserez-vous le bonheur de devenir la mère de cette belle enfant?

— Que disait madame Angélique en ne me retrouvant plus? demanda Antonine qui, ne voulant pas que madame de Péreux pût soupçonner un seul instant la véritable cause du refus de son père, avait pris le parti de traiter toute cette affaire en riant.

— Elle s'est évanouie trois fois, et je l'ai laissée toute en larmes. Elle parlait de bonnet avec des rubans ponceau, de robe rose, de modiste. Je n'ai rien compris à ce qu'elle disait, et je suis accouru.

— Je t'expliquerai tout cela.

— Tu aimes donc décidément ce jeune homme? ajouta M. Devaux en prenant sa fille sur ses genoux. Et il y avait dans les baisers que le docteur donnait à sa fille toute la joyeuse affection d'une inquiétude calmée.

— Vous le voyez bien, mon père, puisque pour lui j'ai consenti à vous faire de la peine, ce qui ne m'était jamais arrivé jusqu'à présent, et ce qui ne m'arrivera plus si vous lui accordez ma main. Pourquoi ne m'avez-vous pas crue quand je vous ai dit ma résolution? Tout cela ne serait pas arrivé.

— Voyons, docteur, voyons, pria à son tour madame de Péreux, laissez-vous fléchir. Ces deux enfants s'aiment, qu'ils soient unis..... Nous aurons, vous un fils, moi une fille de plus, voilà tout.

Ce pauvre M. Devaux, avait eu tellement peur que sa fille, qu'il savait très-exaltée, ne se fût tuée, et il avait été si heureux en la revoyant, qu'il n'avait plus la force de rien refuser.

— Puisque Antonine le veut, dit-il, puisqu'elle a fait un serment, puisqu'elle est venue vous demander votre affection à la place de la mienne, qu'il soit fait comme elle l'a résolu.

— Avais-je tort de vous dire, ma mère, s'écria Antonine en s'adressant à madame de Péreux, que mon père est le meilleur de tous les hommes?

Madame de Péreux prit la main du docteur et la porta à ses lèvres.

— Je vous devrai le repos de mon fils, lui dit-elle avec des larmes dans les yeux, et je ne l'oublierai jamais.

Comme elle disait cela, Edmond entrait et s'arrêtait étonné devant le spectacle qui s'offrait à lui.

— Embrasse ton beau-père, lui dit madame de Péreux, tout est arrangé.

Edmond se jeta dans les bras du docteur, puis il alla à Antonine.

— C'est la première fois que je vous parle, lui dit-il, et j'ai déjà le droit de vous dire que je vous aime.

— Ne me l'avez-vous pas écrit? fit Antonine en montrant la lettre qu'elle avait reçue, et en tendant la main à son fiancé.

— Docteur, dit tout bas madame de Péreux en s'approchant de M. Devaux, vous ne pouvez savoir combien votre consentement me rend joyeuse. Croiriez-vous que jusqu'à ce jour j'avais craint qu'Edmond ne fût malade de la poitrine, comme son père.... mais du moment que vous, médecin, vous lui donnez votre fille, c'est qu'il n'y a rien à craindre. Voilà un beau jour pour moi.

— Il n'y a rien à craindre, en effet, madame, répondit M. Devaux ; puis il ajouta tout bas en se parlant à lui-même :

« Il faut maintenant que je le sauve. Notre bonheur à tous est dans la vie de ce jeune homme. C'est une lutte entre la nature et moi ; Dieu m'aidera peut-être. »

III

L'OUBLI DE L'AVENIR.

Le mariage se fit donc, et fut célébré à l'église Saint-Thomas-d'Aquin.

Il y avait foule à ce mariage. Jamais madame de Péreux n'avait été si confiante en la vie. En effet, à partir de ce moment, elle croyait n'avoir plus rien à craindre pour son fils.

Les commères du quartier causaient entre elles.

« Comme la mariée est jolie ! » disait l'une, et elle avait raison; car Antonine aimante, émue, fière de ce qu'elle avait fait, rêvant au bonheur inconnu qui allait lui venir de son mari, oubliant l'avenir prédit, apparaissait dans tout l'éclat de sa jeune beauté.

Elle ne quittait pas la main d'Edmond qui lui souriait sans cesse.

« Comme le marié est pâle ! disait une autre; c'est l'émotion, sans doute.

« L'émotion ne rend pas si pâle que cela, répliquait une grosse mère. Quand je me suis mariée, j'étais bien émue, mais je vous réponds que je n'étais pas pâle. Il est malade, voyez-vous bien, ce garçon-là.

« Pauvre jeune homme!...., disait une troisième.

« C'est dommage..... ils sont bien gentils tous les deux. »

Nichette entendait tout cela; car, comme vous le pensez bien, elle assistait à cette cérémonie, et ce qu'elle entendait lui brisait le cœur.

« Combien je remercie Dieu pensait-elle, qu'on ne puisse en dire autant de Gustave!...» Et elle priait pour son ami, puisqu'elle n'avait pas besoin de prier pour son amant.

La messe de mariage finie, on se rendit chez madame de Péreux, où quelques amis avaient été invités, et la journée se passa en félicitations et en souhaits de toutes sortes.

Nichette seule manquait à la fête, et cependant elle était la première à qui madame de Péreux avait songé. La mère d'Edmond avait appris tout ce que la modiste avait fait pour son fils, et elle eût cru être ingrate si elle ne l'avait fait assister à ce bonheur dont on lui devait une part. Mais Nichette était plus qu'une fille de cœur, c'était une fille d'esprit, et elle avait refusé l'invitation de madame de Péreux.

Gustave, qui avait compris la délicatesse de ce refus, avait promis à sa maîtresse de venir passer avec elle la fin de la journée.

Le soir, Antonine et Edmond se retirèrent dans l'appartement que celui-ci avait loué au-dessus de celui de sa mère, et madame de Péreux ne se coucha pas sans avoir encore une fois mis son cœur aux pieds de Dieu.

Il avait été question d'aller passer

l'été à la campagne ; mais M. Devaux, pour qui la guérison de son gendre était devenue une étude continuelle, avait dit à sa fille :

— Dis que tu préfères rester à Paris, pour que j'aie toujours Edmond sous les yeux et pour que je l'étudie à mon aise. Nous verrons à l'automne si tu devras avoir la fantaisie d'aller en Italie.

— Mon père, avait demandé Antonine, si l'on peut sauver Edmond, quand le saurons-nous?

— Si je dois réussir, avait répondu M. Devaux, dans un an Edmond sera hors de tout danger.

Il avait donc été décidé que l'on resterait à Paris, et M. Devaux s'était mis à l'œuvre, aidé de sa fille et de Gustave. La guérison d'Edmond était devenue la préoccupation de tous ceux qui l'entouraient, excepté de sa mère, qui, prise de cette confiance illimitée que Dieu accorde souvent aux parents, riait de ses craintes d'autrefois, et s'endormait chaque soir dans la douce réalité du jour.

Quant à Edmond, il ne se doutait pas de quelle sollicitude il était l'objet. Il avait arrangé sa vie pour deux ou trois ans, et ne voyait pas au delà. Son unique souci était de cacher à sa mère ce qu'il savait, et de le faire le plus longtemps possible oublier à sa femme.

Avez-vous quelquefois connu des poitrinaires, sachant qu'ils l'étaient? Avez-vous remarqué comme, pour eux, la vie a des aspects inconnus à ceux qui ont une plus longue vie à parcourir? Leurs yeux, auxquels, par le pressentiment de la mort, Dieu dévoile déjà une partie de son éternité, perçoivent les êtres et les objets sous un jour tout particulier et qui les poétise. Ils voient avec leur âme plus qu'avec leur corps. Chez eux, les sensations ont une instantanéité électrique. La chose qui n'émeut les autres que par la déduction, les émeut à première vue. On dirait que leur âme, trop à l'étroit dans leur poitrine, tend perpétuellement à s'élever, et que, des hauteurs où elle arrive, elle distingue ce qui échappe au vulgaire. Elle vit plus haut que leur corps, c'est ce qui explique leur mort facile ; ar, lorsque l'heure suprême arrive, la partie immatérielle de leur être s'est séparée depuis si longtemps de son enveloppe corporelle, qu'elle s'en détache sans effort, sans douleur, et qu'elle l'abandonne ainsi que l'on fait d'un vêtement trop lourd.

Comme nous l'avons déjà dit, ayant moins longtemps à vivre, ils ont la faculté de vivre plus vite. De toutes les maladies dont Dieu a fait les compagnes de l'homme, et qui nous ôtent une de nos forces à chaque pas que nous faisons, la plus poétique, la plus douce, la plus sympathique, est évidemment celle-là. C'est qu'elle est la seule qui ait une influence directe sur l'âme; les autres ne sont que des décrépitudes matérielles, celle-là est une preuve de l'immatérialité de l'âme Elle a fait des poëtes.

Ceux qui en sont atteints ont, comme le malade de Millevoye, qui n'était autre que Millevoye lui-même, un incessant besoin de se rapprocher de la nature, cette source première de la vie. Pour eux, les arbres ont une ombre particulière, les oiseaux ont un chant qu'eux seuls comprennent, le soleil une chaleur ignorée des autres hommes. Ils voient un bienfait de Dieu là où l'on ne voit ordinairement qu'un fait naturel. Leur visage finit par revêtir la mélancolique poésie de leur esprit. Ils ont pour les souffrances la pitié qu'ils excitent. Ils sont indulgents, et le pardon est dans leurs habitudes, parce qu'ils sont près du Seigneur. Si la nature leur a donné la faculté de reproduire physiquement les sensations que la vie éveille en eux, leur talent devient tout à coup du génie, se colore d'une teinte pâle et transparente comme un rayon d'étoile, parfumée comme l'invisible arome d'une fleur cachée. Écoutez Bellini, lisez Millevoye, et vous retrouverez, dans la musique de l'un et dans les vers de l'autre, cet indéfinissable sentiment, plaintif et mélodieux, qui a été toute leur vie.

Comme ils sentent que l'avenir leur est interdit, ils parlent sans cesse de leur passé. Le rayon qui éclaire leur route colore jusqu'au temps où leur raison n'était pas encore ouverte pour recueillir ce qu'ils voyaient et s'en faire plus tard des souvenirs. Ils se souviennent de tout malgré eux, et parce que leur mémoire vient de leur cœur. La poésie qui s'attache à leur mal est si grande, si acceptée, que, lorsqu'ils meurent et qu'on l'apprend, l'idée de la mort sinistre et décharnée ne vient pas à l'esprit. Quand on eutend dire : Telle personne est morte de la poitrine, on se la représente froide, mais plutôt dans l'attitude du sommeil que dans l'immobilité de la tombe. L'image ne se défigure pas dans l'esprit ; privilége merveilleux de la jeunesse qui vit même au delà de la mort. Aussi les anciens avaient-ils un respect profond pour ceux qui mouraient jeunes. Ils les disaient aimés des dieux ; ils couvraient leur tombe de fleurs, comme une couche nuptiale, et ils s'en souvenaient volontiers dans leurs moments heureux. Ces jeunes fantômes traversaient leur esprit sans le troubler, comme ces nuages blancs qui courent, sans le ternir, sous l'azur d'un ciel d'été. Nous avons hérité cela des anciens, et, quand nous faisons l'appel de nos amis disparus, c'est sur ceux que la mort a touchés sans attendre leur vieillesse, ce premier linceul, que notre mémoire se repose le plus volontiers. Les larmes que nous leur donnons sont jeunes comme eux, et il est bien rare qu'un homme qui a déjà vu quarante années, et qui pleure un ami de vingt ans, ne dise pas un jour, en songeant aux misères qui accompagnent ceux qui restent : Heureux celui qui est mort dans le berceau de ses illusions !

Enfin, et c'est le plus grand présent que Dieu leur ait fait, les poitrinaires savent aimer.

Quel que soit l'objet de leur amour, ils l'aimeront mieux que n'aimeraient les autres. Ils trouvent dans la femme ce que les poëtes y cherchent et ce que Dieu y a mis. Leur amour est mêlé de contemplation et de reconnaissance. Il peut mourir avec eux, mais il ne vieillira pas. La nature leur donnera pour aimer une énergie inaccoutumée et qui hâtera même souvent leur mort. Le feu sera trop grand pour le foyer, et il le consumera. La source à laquelle ils se désaltéreront les noiera en les abreuvant.

Mais, jusqu'à ce que la mort les glace, ils chercheront à presser dans une dernière étreinte la main de celle qu'ils auront choisie. Ils aimeront enfin comme toutes les femmes voudraient être aimées. Leur amour sera un sourire éternel ; car il n'aura pas le temps de se refroidir, et ils ne verront pas l'époque où l'homme peut toujours regarder avec indifférence la femme qu'il a le plus adorée. Ils quitteront ce monde en croyant qu'ils auraient pu toujours aimer ainsi. Ils s'endormiront dans un rêve de leur âme. Ils s'effaceront comme une belle journée de printemps, dans les chants, dans les fleurs, dans les murmures, et sans avoir vu tomber leurs feuilles ni mourir leurs parfums sous le souffle de l'hiver.

C'était ainsi qu'Edmond aimait Antonine.

Quel charme dans le détail des premiers temps qui leur fut donné de passer ensemble, oubliant le monde, oublié de lui, et se livrant sans restriction l'un à l'autre!...

Lorsqu'il avait vu Antonine à l'église, on se rappelle toutes les espérances qui étaient nées au cœur d'Edmond : « Il se peut qu'un jour elle soit à moi, » s'était-il dit. Ce jour était venu : Antonine était à lui.

A cette époque, il ignorait encore vers quelle destinée il marchait ; il la connaissait maintenant, et un instant dérobé à son amour lui eût semblé un vol fait à son bonheur.

« Elle est à moi, se disait-il ; mais je suis à elle jusqu'à ce que la mort vienne. » Et il aimait Antonine avec toutes ses pensées, avec toutes ses facultés, avec tout son cœur. Tout en lui était pour cette belle enfant, et sa vue le faisait tressaillir de la tête aux pieds. A son approche, ses yeux ne quittaient plus ses mouvements, son cœur bondissait dans sa poitrine, sa bouche s'entr'ouvrait comme pour chanter, les idées jeunes s'éveillaient en lui, et il entendait l'écho de leurs chastes mélodies, joyeuses et gazouillantes comme des fauvettes dans un buisson. Rien ne lui était indifférent dans sa femme, et son âme la réflétait incessamment. Il lui avait fait faire une chambre douce et moelleuse comme un nid, et dans laquelle il eût voulu enfermer la nature entière. Les murs et le plafond avaient disparu sous la soie, le pied enfonçait dans des tapis de haute laine, longue comme l'herbe des campagnes. Un oiseau eût pu voler aux quatre coins de cette cage parfumée, sans courir le risque de se meurtrir les ailes. Tous les meubles étaient capitonnés et s'enfonçaient comme de la mousse. On n'eût pas trouvé un pouce de bois dans toute la chambre, et, le long des tentures, couraient de grandes fleurs naturelles sans parfums, mais riches de couleurs et de fantaisies.

« Tu ne veux pas aller à la campagne, avait dit Edmond à sa femme; eh bien, je veux que la campagne vienne à toi, non-seulement pendant l'été, mais pendant l'hiver encore. »

Durant des heures entières, nos deux amoureux s'enfermaient dans cette chambre ombreuse, et dont les jalousies baissées et les fenêtres closes ne laissaient pénétrer qu'un demi-rayon, semblable à un crépuscule de juin. Edmond ne voulait pas qu'une main étrangère touchât même la robe d'Antonine.

«Moi vivant, lui disait-il, personne, pas même une femme de chambre, ne t'approchera. Ce n'est pas de la jalousie, c'est de l'égoïsme. Il me semble que le contact des étrangers t'enlèverait un de tes parfums. »

Aussi, lorsque Edmond sortait avec sa femme, il eût voulu la porter jusqu'à sa voiture pour qu'elle ne touchât pas la terre de ses pieds. Il l'enveloppait le plus possible, afin de voiler toute cette beauté qui n'était et qui ne devait être connue que de lui. Il la couchait dans sa voiture comme une enfant, et ils disaient à leur cocher qui leur demandait où il fallait les conduire : Dans les champs.

C'était le soir que ces promenades se faisaient. Jusqu'à deux heures du matin, ils restaient ainsi et la terre leur appartenait. Quelquefois Edmond disait à Antonine : Chante ; et avant que la chanson fût finie, il l'avait cueillie dans un baiser sur les lèvres de la jeune femme.

Enfin ils rentraient. Edmond alors parait sa femme pour le sommeil. Un soir, pendant qu'elle dormait, il sortit, alla acheter toutes les roses qui restaient chez sa fleuriste, et les effeuilla sur le lit d'Antonine. Quand elle se réveilla, elle était couverte de fleurs.

Il ne savait qu'inventer.

Il lui faisait la vie que se font les créoles. Il était pour elle ce qu'eussent été vingt esclaves. Il restait des heures entières à la regarder pendant qu'elle dormait, et il se disait :

« Tout cela est à moi. Ce corps et cette beauté m'appartiennent. Ce sein jeune et ferme qui bat doucement comme une feuille agitée d'une brise matinale, ces épaules blanches et arrondies comme celles de la Vénus de Milo, ces yeux fermés par le sommeil, mais qui en s'ouvrant me chercheront, cette bouche entr'ouverte comme un écrin de perles qui laisse voir ce qu'il contient, ces grands cheveux noirs qui se déroulent comme un flot d'ébène, tout cela est à moi, à moi seul... Nul, avant moi, n'a dit à cet être charmant, tout ce qu'il m'est permis de lui dire. Elle ne sait qu'un nom d'homme, le mien. Elle ne vit que par moi, je ne vis que par elle. Où trouver félicité plus grande, bonheur plus complet, ravissement plus certain!... »

Puis, Edmond, qui laissait ses idées suivre leur pente jusqu'à la fin, se disait parfois :

« Et dire qu'il faudra qu'un jour je quitte tout ce bonheur!... Que deviendra-t-elle alors? Restera-t-elle fidèle à ma mémoire, ou ce besoin d'amour que je verse imprudemment dans son âme la dominera-t-il à ce point qu'elle m'oublie près d'un autre?.. Pensée horrible! un autre homme posséderait cette femme comme je la possède... Elle lui dirait les mêmes mots qu'à moi... Il pourrait contempler, comme je le fais en ce moment, toutes les richesses de sa beauté!... Au réveil, le regard d'Antonine chercherait un visage qui ne serait pas le mien, ses mains presseraient une main qui ne serait pas la mienne, pendant que moi, pâle et défiguré, je dormirais sous la terre humide, oublié d'elle! Mon nom ne lui rappellerait qu'un devoir, et elle viendrait une fois par hasard jeter une couronne et faire une visite à ma tombe désolée. Cela est impossible! et cependant c'est la vérité probable; car le cœur est ainsi fait, qu'il tend à oublier ce qu'il a aimé, quand le souvenir de ce qu'il a aimé pourrait réveiller une douleur en lui. Et cela arriverait dans trois ans, dans deux ans peut-être..., deux ans qui auront passé comme deux minutes! Pourquoi, quand j'ai appris cette fatale nouvelle, pourquoi ne me suis-je pas sauvé sans regarder devant moi ? pourquoi ai-je commencé un bonheur au bout duquel je ne pourrai pas aller, et qui me fera mourir dans les blasphèmes et dans les larmes?... Où trouver un homme qui me fasse vivre, qui verse tout son sang jeune et fécond dans le mien?... Il y a tant de gens qui vivent inutilement!... »

Et quand Edmond pensait ainsi, il frappait sa poitrine, et, réveillant tout à coup Antonine, il lui disait :

« Répète-moi que tu m'aimes et que, mort ou vivant, tu seras fidèle à ma mémoire ou à mon amour. »

La jeune femme se jetait dans les bras de son mari, et cette tristesse allait rejoindre toutes les tristesses qui se sont évanouies sous le souffle d'une femme.

Quant à Antonine, elle était aussi heureuse qu'une créature humaine peut l'être.

Depuis qu'elle était mariée, il lui semblait que son âme habitait une sphère nouvelle, respirait un air nouveau, chargé de senteurs inconnues et faites pour elle seule. Cet amour continu dont elle était l'objet, et dont depuis peu elle avait eu la révélation avait ouvert tout son être aux ardentes émanations de la vie.

Elle était moralement dans cet état de bien-être qu'on éprouve quand, dans un bain d'Orient, on passe à une température déjà trop chaude, habilement imprégnée de parfums, et à travers laquelle arrive à l'oreille une harmonie ménagée. Antonine était portée par la vie comme on le serait par un nuage.

Tout était doux, souple, rayonnant autour d'elle. Comme un cygne, elle glissait entre deux azurs, et lorsque parfois, ainsi que son mari, elle en revenait à craindre l'avenir, son père lui disait :

« Espère, tout va bien. »

Mais ses tristes pensées ne lui revenaient que rarement; car sa vie nageait dans une vapeur de joie semblable à ces brouillards roses qui descendent le matin sur les plaines et qui, pendant quelques instants, voilent les horizons même les plus proches.

IV

NICE.

Croyez-vous qu'un homme puisse se dire :

J'ai tant de temps à vivre, je le vivrai le plus heureux possible; et, quand la mort viendra, elle frappera une victime résignée, qui tombera en souriant? Non; ce serait nier la nature humaine que de croire à un sacrifice fait aussi facilement. L'homme ne consentira jamais à limiter ses espérances. Aussi, comme nous l'avons indiqué, y avait-il des jours où, quand il songeait à l'avenir, à cet avenir si proche auquel il devait son bonheur présent, mais qui, chaque jour, diminuait et tombait dans le passé, Edmond se frappait la poitrine et s'arrachait les cheveux... Vingt fois il avait été sur le point d'aller trouver M. Devaux et de lui dire : Sauvez-moi ! mais il avait toujours tremblé que le docteur ne lui répondît : C'est impossible ! C'est que, depuis qu'il savait la vérité sur lui-même, Edmond s'étudiait et se rendait compte des symptômes que, jusque-là, il avait laissé passer inaperçus, et qui revêtaient maintenant toute leur gravité. Ces insomnies, ces sueurs instantanées, ces impressions soudaines, ces soifs éternelles, ces crachements de sang qui succédaient aux moindres émotions, ces malaises, ces rêveries, ces langueurs, tout cela avait une cause, et chacune de ces crises emportait une parcelle de sa vie chaque fois qu'elle surgissait. Ce qu'il avait caché autrefois à sa mère en pensant que cela ne présageait aucun danger, et qu'il ne fallait pas l'inquiéter pour si peu, il le lui cachait maintenant, que, par cette révélation, elle se fût trouvée initiée au terrible mystère de la maladie de son fils. Du reste, elle avait une confiance sans bornes, si grande, que, lorsqu'elle sortait avec Antonine, on l'eût prise bien plutôt pour sa sœur que pour sa belle-mère. On eût dit que, pour elle, Dieu décomptait les années à mesure qu'elle vieillissait.

Antonine avait fait ce que son mari n'avait pas osé faire : elle avait presque tous les jours questionné M. Devaux, et celui-ci, agissant sur son malade par l'intermédiaire de sa fille, ne lui avait pas encore dit qu'il fallût désespérer.

Cinq mois se passèrent ainsi, cinq mois pendant lesquels Edmond mena la vie que nous avons dite, vie d'amour, mélangée de terreurs. Ce temps expiré, il commença à regarder en arrière et dit : Cinq mois vécus ! le quart de mon avenir.

L'automne était venu.

— Emmène ton mari à Nice, dit M. Devaux à sa fille, fais-lui faire exactement ce que je vais t'écrire, et donne-moi de ses nouvelles tous les huit jours. Au mois de mars, nous saurons définitivement à quoi nous en tenir.

Edmond et Antonine partirent accompagnés de madame de Péreux. Ce que voulait Antonine, Edmond le voulait, et madame de Péreux voulait ce que voulait son fils.

Gustave eût désiré accompagner son ami, mais il ne pouvait emmener Nichette, et il lui parut trop difficile de quitter la modiste. Puis Edmond avait Antonine et n'avait plus un aussi grand besoin de l'amitié. Il resta donc à Paris, promettant à Edmond de lui écrire souvent, engagement que celui-ci prit de son côté vis-à-vis de Gustave.

Nos lecteurs comprendront aisément pourquoi nous suivons pas à pas notre héros principal. L'intérêt, à notre avis, du moins, est tout entier sur lui. Rien, dans l'histoire de ceux qui l'entourent et dont les types complètent ce livre, ne nous offrirait pour le moment des détails intéressants. Gustave aime toujours Nichette, dont il est toujours aimé; M. Devaux continue à voir ses malades tous les jours, de onze heures à trois heures; Madame Angélique est parvenue à franchir la cinquante-deuxième ligne du *Château de Kénilworth*, et en est arrivée à l'entrevue de Tresilian avec Amy Robsart; madame de Péreux continue à ne respirer que par et pour son fils.

— Je voudrais faire un voyage en Italie, avait dit Antonine qui n'avait pas voulu dire que Nice serait le terme de ce voyage; car Nice est devenu un nom presque effrayant à cause de l'hospitalité qu'elle offre aux malades incurables; — et tous trois étaient partis aussitôt.

Nice est abritée de tous côtés et impénétrable par conséquent aux intempéries. On y respire un air égal toujours. L'atmosphère y est presque chargé de cette humidité tiède que Gruber recommandait pour la phthisie.

Arrivée là, Antonine prétendit trouver le site si agréable et l'air si doux qu'elle ne voulut pas continuer son chemin.

— Eh bien ! restons ici, fit madame de Péreux sans soupçonner la raison de cette préférence.

— Ainsi tout est fini, dit Edmond à sa femme; il n'y a plus d'espoir, et ton père m'envoie mourir ici pour que je meure un peu moins vite.

— Au contraire, ami, fit la jeune femme en se jetant dans les bras de son mari, mon père est plein d'espoir. Il t'a confié à moi, laisse-toi vivre à ma fantaisie et nous aurons encore de longues années devant nous.

Edmond loua une petite maison séparée de la ville, qui ressemble un peu trop à un hôpital. Cette maison, adossée à une colline, ouvrait ses persiennes vertes au soleil matinal. Les plus pures exhalaisons l'entouraient, et un sentier charmant, ombreux et bordé d'orangers, conduisait jusqu'aux rives du Var, le doux fleuve, qui prend sa source dans les Alpes et va se jeter dans la Méditerranée, à une demi-lieue de Nice.

Quand on a vu ces charmants fleuves du midi, transparents comme l'azur qu'ils reflètent, promenant dans leurs cours tranquilles les fleurs que la brise d'été enlève au rivage, on comprend la mythologie des anciens et les poétiques fiançailles qu'ils faisaient aux fleuves et aux rivières, sous des bosquets de lauriers-roses et dans de frais escarpements de rochers.

Antonine voulait dépoétiser le moins possible la vie aux yeux d'Edmond, et elle avait demandé à son père de lui indiquer tous les moyens curatifs qu'elle pouvait employer pour son mari, sans que, pour ainsi dire, celui-ci s'aperçût qu'il était soigné.

Or, tous les matins, dès que l'aube naissait, Edmond et Antonine montaient à cheval et suivaient tantôt au pas, tantôt au grand trot, les rives du fleuve, puis ils revenaient trouver madame de Péreux qui, moins matinale, voyait de son lit le soleil se lever sur la colline.

Cette promenade du matin avait un autre but que de procurer un plaisir au malade. Elle devait le fatiguer et rouvrir son organisation aux deux besoins les plus puissants de la nature : le sommeil et la faim.

La nuit, une lampe veillait toujours. Cette lampe, pendue au plafond et qui, au premier abord, avait l'air d'une simple veilleuse, chauffait un petit bassin d'argent d'où s'échappait une vapeur imperceptible mélangée de cire grasse et de térébenthine, qui purifiait l'air et qui faisait à Edmond un sommeil sans agitation et sans fièvre. Ce qu'il mangeait renfermait aussi la guérison.

Ainsi, Edmond devait trouver la santé dans tout, dans ses plaisirs, dans ses repas, dans son repos même; la jeunesse, la nature et les moyens extrêmes, dans le cas où tout cela ne réussirait pas, devaient faire le reste.

Les soins dont il était l'objet ne lui échappaient pas et augmentaient encore son amour pour Antonine.

— Je te fais une vie bien triste, ma pauvre enfant, lui disait-il; mais c'est notre bonheur à venir que tu sèmes, et si tu réussis, nous aurons une ample moisson d'amour et de félicités à recueillir.

A cette espérance, des larmes mouillaient les yeux d'Antonine, et tous deux se confondaient dans un baiser plein de promesses et déjà plein de réalité.

Vous avez remarqué comme moi, sans doute, que les malades finissent par tirer une sorte de vanité de la maladie qu'ils ont ; ils sont comme fiers de l'avoir, de la supporter et de pouvoir se faire les héros de la fatalité. C'est une des seules compensations que la maladie offre à ceux qu'elle frappe, et il faut la leur laisser, car ils n'en ont pas trop. Vous retrouverez cette légère affectation dans les lettres qu'Edmond écrivait à Gustave, et que nous allons transcrire; car nous nous identifierons bien mieux avec la position en nous mettant directement en rapport avec les propres impressions du jeune homme.

« Mon cher Gustave, écrivait M. de

Péreux, nous sommes arrivés à Nice. Tout y a l'aspect de la vie et de la mort à la fois. Il est étrange de voir une ville blanche, douce et parfumée, sourire palpable de la nature, sacrifiée à la douleur et à la mort. Nice est bien l'image de la maladie qu'elle accueille de préférence. C'est bien cette douceur mélancolique, cette transparence et cette pâleur du regard qu'on retrouve chez ceux qui, comme moi, viennent lui demander un soulagement; puis, plus loin, cette végétation forte, surabondante, qui jaillit du roc et qui est l'expression de la vie ardente et féconde qui n'est pas admise chez elle. Notre vie est bien simple ici. Je laisse Antonine me soigner selon les conseils de son père et de son cœur. Soit que les soins qu'elle me donne me fassent du bien, soit que j'aie hâte d'espérer, il me semble que j'aspire plus facilement l'existence. Je ne suis pas aussi pâle que je l'étais à Paris, et je romps un peu avec mes sombres insomnies. Un rayon de soleil se glisse au milieu de mes certitudes.

« Il y a des choses que tu ne peux comprendre tout seul, toi dont les larges poumons se nourrissent de l'air de tous les pays, mais que j'essaierai de t'expliquer, car elles sont un des soulagements à mon mal. Je vois évidemment tout ce qui m'environne sous un autre aspect. L'amour, les fleurs, le ciel, toutes les choses de Dieu m'apparaissent, maintenant que j'ai à craindre de les quitter bientôt, autrement qu'elles ne m'apparaissaient lorsque je croyais pouvoir en jouir encore pendant de longues années. La maison que nous habitons est adossée à une petite colline pleine d'excavations profondes et semée d'arbres nains. Souvent, à l'heure où le soleil est le plus chaud, et comme pour me prouver que je puis lutter encore contre la fatigue à laquelle succombent les plus forts, je m'égare dans ce petit désert, je marche, le front découvert, recueillant toutes les émanations et tous les bruits qui l'habitent. Je suis seul, j'entre dans quelque cavité fraîche où je m'assieds et où je sens peu à peu la sueur se refroidir sur mon front. Je me demande alors : Ce que je fais là me fera-t-il mal? et je me dis: S'il n'en résulte rien, c'est que je ne suis pas encore tout a fait condamné. Je m'exerce à vivre en suscitant des difficultés à ma vie, moi qui devrais passer mon temps à la préserver de toute atteinte. Il y a des moments où il me semble que la nature seule peut guérir les maux qui viennent d'elle; alors je cours, je monte à cheval, je bois et mange à ma fantaisie, et je m'étudie ensuite. Je ne souffre pas davantage, je souffre peut-être moins même.

« Je serais si heureux de vivre, aimant comme j'aime, aimé comme je le suis. Si tu savais quel ange Dieu a mis sur ma route!... Voici ce qui, souvent, me fait craindre que ma vie ne soit pas longue. « Le ciel ne m'a accordé pareille compagne, me dis-je souvent, que parce que, dans sa pitié, il a compris que mon âme aurait besoin, dans les courts moments qui me sont donnés, de s'épancher dans une âme sympathique. »

« Oh! que je voudrais vivre pour Antonine!... J'ai dans l'âme une source inépuisable de tendresse. J'aurais cent années à vivre auprès d'elle que je n'aurais pas encore assez de temps pour lui prouver mon amour.

« Je vois autour de moi des gens de mon âge, bien portants et mariés, qui passent leur vie dans d'incompréhensibles occupations; des maris de femmes jeunes et belles qui sont ambitieux, ou joueurs, ou qui pis est, qui aiment mieux ne rien faire que de rester à leurs pieds. Peut-il y avoir cependant un plus doux emploi de sa vie que de la consacrer à une femme qu'on aime?... Au lieu de rapporter tout à la créature que Dieu leur donne, ils tendent perpétuellement à s'éloigner d'elle. Ils croient donc avoir lu en un an ou deux le livre tout entier de leur âme, dont chaque page, dont chaque mot est un enchantement?... Qu'ils comprendraient mieux le bonheur de la vie, ces gens-là, si, comme à moi, la fatalité leur avait dit un jour en leur montrant un terme rapproché : Vous n'irez que jusque-là!...

« Depuis que j'aime Antonine, j'aime bien plus ma mère, car je comprends l'énorme sacrifice qu'elle m'a fait en se consacrant tout entière à moi. Qui l'empêchait, à l'âge qu'elle avait, quand mon père est mort, de se remarier et de chercher, dans un amour qu'elle n'avait jamais connu, des joies qu'elle n'a voulu trouver qu'en son enfant, et pour lesquelles il me semble cependant que l'on devrait tout abandonner? Moi mort, Antonine sera-t-elle ce que ma mère a été? Cet amour, dans lequel nous oublions tout l'un et l'autre, survivra-t-il à la mort de l'un des deux? Doute affreux! Mais ce serait trop exiger d'elle, n'est-ce pas, que de lui demander un serment qui la lierait à ma mémoire comme à moi-même, et qui deviendrait un remords si elle y manquait?... Au contraire, je ne demande qu'une chose à Dieu, c'est, par quelque moyen que ce soit, le bonheur de cette chaste enfant qui m'a donné la fleur de sa jeunesse, et la jeunesse de son amour. Je peux mourir, un autre peut l'aimer, elle peut en aimer un autre, mais nul ne pourra recueillir comme moi le trésor de ses premières impressions, ni lui révéler le mystère du premier échange des âmes, et je suis sûr que mon nom viendra la visiter souvent, même au milieu des moments heureux qu'elle devra à un second amour.

« Tu resteras son ami, n'est-ce pas? tu la surveilleras, tu lui feras continuer son habitude de venir visiter l'endroit où je reposerai; car je rêve bien quelquefois l'avenir, mais je n'ose l'espérer encore, et la froide réalité m'apparaît toujours à l'horizon. Songe, Gustave, que je t'aime comme mon frère, et que tu dois la protéger comme ta sœur. Si jamais elle était trompée, tu la défendrais, n'est-ce pas? et l'homme qui la ferait souffrir, tu le tuerais !...

« Pourquoi penser à tout cela?

« Quelques personnes ont voulu lier

connaissance avec nous, mais je m'y suis opposé. A quoi bon contracter des amitiés sérieuses qui ne pourront être de longue durée, et qui ne feront qu'augmenter le regret de la vie? A quoi bon contracter des relations banales, qui pour un homme occupé comme moi de deux pensées continues, la mort et l'amour, ne peuvent être ni une consolation, ni une distraction même?

« Passer mes soirées à jouer au whist ou aux échecs! moi, qui veux en deux ans être aussi heureux qu'un autre en cinquante années; moi qui ai ma mère, ma femme, un ami comme toi à aimer, et qui n'ai qu'un temps limité devant moi pour cela.

Je compte encore par années, puis je compterai par jours, puis je compterai par minutes..., comme mon père. Comme il a dû souffrir, lui qui n'aimait pas comme j'aime! Mais, au moment de la mort, cet amour sera-t-il pour moi une consolation ou un doute, et le bonheur du passé ne me fera-t-il pas plus amèrement regretter de n'avoir pas l'avenir?

« Comme je dois t'ennuyer à te parler toujours de moi... Pardon de ce que je viens de dire là, ami; sois tranquille, je ne doute pas de toi, l'intime confident de mes pensées intimes.

« Te figures-tu la bonne et heureuse vie que nous mènerions si M. Devaux me sauvait. Prolonger dans la limite ordinaire de la vie le bonheur que je n'espère que quelques instants, ne serait-ce pas le paradis sur la terre?

Mettre son cœur à l'abri de tout entre trois affections... Prie pour moi, Gustave, prie pour moi...

« Écris-moi souvent ; parle-moi de Nichette, ton lutin blond. L'aimes-tu toujours, t'aime-t-elle bien ? Pauvre Nichette !... pleurait-elle le jour où la lettre qu'elle t'écrivait est tombée dans mes mains !... C'est à cette lettre que je devrai tout le bonheur que j'aurai eu... Embrasse bien cette belle enfant pour moi, et dis-lui que je lui enverrai des étoffes et des écharpes qui viennent d'Orient, et que des espèces de contrebandiers vendent ici.

« Antonine t'envoie un baiser bien fraternel, plié en quatre dans cette lettre. »

Antonine écrivait à son père :

« Mon bon père,

« Nous sommes depuis quelques jours à Nice. Madame de Péreux m'aime toujours comme sa fille, et moi je m'aperçois, depuis que je ne suis plus auprès de toi, que je t'aime plus encore qu'autrefois, si cela est possible. Je suis heureuse, bien heureuse, mon père; ne te repens donc pas de ce que tu as fait, rappelle-toi seulement qu'il dépend de toi que mon bonheur soit de longue durée. Qu'Edmond vive, et tout ira bien; car s'il lui arrivait malheur, je ne sais vraiment pas ce que je deviendrais.

« Je ne néglige pas une de tes recommandations, et peut-être je me trompe, mais il me semble qu'il y a du mieux.

« Rien ne peut te donner une idée de l'affection dont mon mari m'entoure, et dont je n'ose te donner les détails dans la crainte de te rendre jaloux, mon bon et excellent père ; mais sache qu'il est impossible qu'une femme soit autant aimée que moi.

« On dit que les médecins expliquent tout. Toi qui es médecin, explique-moi donc le sentiment que j'éprouve pour mon mari. C'est un dévouement sans réserve et qui doit ressembler un peu à l'amour maternel. Il me semble que ma mère m'aimait comme j'aime Edmond. Cela tient sans doute à ce que, quoique femme, je suis plus forte que lui et qu'il a besoin de ma protection. Sa maladie me donne des sensations étranges. Je ne demande à Dieu qu'une chose, c'est qu'il guérisse, car notre bonheur est dans cette guérison ; je fais donc tout ce que je puis pour cela. Eh bien, quand, pendant un jour tout entier, il n'a pas eu un moment de faiblesse, quand une guérison momentanée a lieu, avec toutes les apparences de la guérison complète, je suis comme jalouse. Il me semble que je voudrais le revoir plus malade afin qu'il fût plus à moi. L'amour ne serait-il qu'un égoïsme sublime ?

« Tu ne m'en veux pas d'aimer ainsi mon mari ? Souviens-toi combien tu aimais ma mère. »

Antonine ne pouvait détailler à son père tout ce qu'elle ressentait pour Edmond. Sa pudeur de jeune fille comprenait que certaines affections ne peuvent être les confidentes de certaines autres sans rivalité. C'était déjà beaucoup qu'elle écrivît ce que l'on vient de lire.

Mais nous, nous pouvons sans crainte recevoir la confession de cet amour jeune, poétique, plein de sentiment et de mélancolie, expansif comme l'amour des sens, dévoué comme l'amitié d'une sœur, intelligent comme la surveillance d'une mère. C'eût été un curieux spectacle à étudier que celui de cette jeune femme, belle, forte, pleine de santé, suivant pas à pas l'homme qu'elle aimait, s'avouant le côté égoïste de son amour et se disant : C'est mon bonheur qui vit dans cet homme; lui mort, mon bonheur, ma force, ma jeunesse, ma beauté, mes croyances, mon amour, s'évanouissent. Il est le vase dans lequel j'ai déposé mon cœur devenu trop lourd pour que je le portasse seule. Le vase brisé, mon cœur tombe et n'est plus que fange.

Parfois Antonine se disait : Que serait la vie pour moi sans Edmond? Continuer à voir des arbres et des maisons, à vivre automatiquement entre un ciel qui n'aurait pas eu pitié de moi et une terre qui m'aurait repris le trésor de mon avenir, toucher sans sentir, regarder sans voir, entendre sans comprendre, voilà ce qu'est la vie déshéritée d'amour. Aimer une seconde fois! cela est impossible. Le cœur ne contient pas deux amours, il se brise en perdant le premier. A quoi bon vivre alors et pourquoi accepter le néant pour ce qu'on

aime et ne pas l'accepter pour soi ?
Pourquoi ne pas continuer la fidélité
jusque dans la tombe, et pourquoi,
fiancée au vivant, ne pas se fiancer au
mort ? Quelle crainte chimérique peut
retenir l'être qui voit jeter la terre
sur le cadavre de son adoration ? La
douleur qui précède la mort ? qu'est-
ce que cela est ? La punition du sui-
cide ? Dieu qui pardonne à la femme
adultère, peut-il punir la femme fidèle qui suit son mari jusqu'à son tri-
bunal divin ? L'espérance ? L'espérance, cette fleur qu'on dit éternelle
ne refleurit pas sur les tombes...

Si, après tous mes efforts, Edmond
succombe, je mourrai avec lui.

Mais mon père, mon pauvre père,
que deviendra-t-il si je le quitte?...
Oui, Dieu donne toujours à l'être dé-

sespéré une raison de se rattacher à la vie. Ma fidélité à mon époux serait un crime envers mon père.

« Mon Dieu, disait alors Antonine en tombant à genoux, puisque tant de bonheur et tant d'existences sont attachés à la vie d'un seul homme, conservez-nous-le. »

Et comme si Dieu avait hâte de rassurer la belle enfant, elle recevait de M. Devaux une lettre ainsi conçue:

« Tu as l'air, chère fille, de railler ton père quand tu lui demandes l'explication de tes sentiments. Les médecins n'expliquent pas tout, parce que, presque tous, ils sont matérialistes, et que rien ne s'explique complétement par la matière; mais s'ils avaient comme moi une fille qui leur fît voir le ciel, ils expliqueraient bien des choses qui leur restent inconnues.

« Moi qui crois en Dieu comme en tout ce qui est vrai et bon, moi qui veux que tu sois femme heureuse parce que tu as été fille dévouée, moi enfin qui sais que la joie de ta vie dépend de la santé d'Edmond, je te dirai ceci : Il y a deux moyens de guérir un malade : l'un consiste à agir sur le corps, l'autre consiste à agir sur l'âme.

« Tu as l'âme d'Edmond, et je te l'abandonne sans réserve, parce qu'elle ne peut avoir de meilleur médecin que toi.

« Quant au corps, nous avons de l'avance sur la maladie, et nous verrons bien si c'est pour rien que Dieu a donné la science à l'homme.

« Espère et prie. »

Quinze jours environ après qu'Antonine avait reçu cette lettre, elle écrivait à son père :

« Au reçu de ce mot, quitte Paris, laisse tout et viens nous rejoindre. Si vite que tu viennes, peut-être sera-t-il trop tard... Edmond est à la mort. »

V

LA MORT VIENT.

Il avait fallu une imprudence d'Edmond pour faire surgir tout à coup la maladie aiguë dans la voie sinon de guérison, du moins de mieux où il était depuis son arrivée à Nice.

Comme nous l'avons vu dans une des lettres qu'il écrivait à Gustave, il lui arrivait souvent de courir au soleil et de s'arrêter tout à coup dans quelque sinuosité fraîche, où il sentait la sueur se glacer sur son front. Il n'avait pas eu besoin de renouveler souvent ces sortes d'expériences pour en ressentir les funestes effets, et un jour il était rentré, la tête chargée de lourdeurs, grelottant des pieds à la tête, et il avait été forcé de prendre le lit, après un long évanouissement.

C'était à ce moment qu'Antonine, épouvantée de la rapidité de l'accès, avait écrit à son père de partir au reçu de la lettre.

En effet, avec les terribles indices qu'elle avait, elle fut convaincue tout de suite qu'il n'y avait plus de remède, et que c'en était fait d'Edmond.

Elle envoya chercher un médecin

auquel son père, qui le connaissait, lui avait dit qu'elle pouvait s'adresser en cas d'urgence, et elle s'assit résolûment au chevet du malade.

Il avait naturellement été impossible de cacher cette atteinte à madame de Péreux. Celle-ci, qui depuis le mariage de son fils était rassurée sur son compte, eut peine à croire tout d'abord à la gravité du mal qui se déclarait, mais plus le doute avait eu de mal à rentrer dans son âme, plus il devait y régner en maître quand rien ne pourrait plus démentir le témoignage des yeux et les pressentiments du cœur.

Quand madame de Péreux, qui n'avait cru premièrement qu'à une indisposition passagère, vit son fils évanoui pendant deux heures, sans que rien pût le rappeler au sentiment de la vie, lorsqu'elle avait vu le délire succéder à cet évanouissement, et le docteur appelé secouer la tête en signe qu'il espérait peu, qu'il n'espérait même pas, le bouleversement qui s'était fait en elle avait été rapide et violent comme la foudre.

Pour les natures aimantes, vivant comme elle par le cœur, il n'y a pas de terme moyen. La veille, elle était si sûre de la santé de son fils, qu'elle n'y pensait même plus. Le lendemain, elle se couvrit de noir.

Pour elle son fils était mort.

Elle vieillit de dix ans en dix minutes.

Elle s'assit à la tête du lit d'Edmond, et là, elle resta les yeux fixés sur le malade, semblable à la statue de la douleur muette.

Deux larmes avaient roulé de ses yeux, deux seulement, mais on eût pu suivre sur les joues de la pauvre mère le chemin qu'elles avaient suivi par la trace qu'elles avaient laissée. Ces deux larmes avaient creusé les joues, comme un torrent de lave creuse les flancs d'un volcan.

Toute la vie, toute l'intelligence, toute l'âme de madame de Péreux étaient passés dans son regard, rivé au visage d'Edmond, et qui suivait les imperceptibles mouvements que faisait le drap sur la poitrine oppressée du mourant. On sentait que, lorsque ces mouvements s'arrêteraient, le regard de la mère s'éteindrait avec sa vie, sans effort, sans cri, et que les deux âmes jumelles retourneraient à Dieu, liées l'une à l'autre.

Cette douleur était si grande, si puissante, elle dominait tellement celle qui la supportait, qu'elle était incapable de secourir celui qui la causait. Madame de Péreux eût donné à l'instant même sa vie pour son fils, et il eût été imprudent de le lui laisser soigner. Elle ne pouvait que mourir avec lui s'il mourait. Elle souffrait trop pour faire autre chose que souffrir.

Il n'en était pas de même d'Antonine, et la différence des deux amours se montrait dans la différence des deux douleurs.

Lorsque Antonine avait vu son mari froid, immobile et pâle comme s'il était déjà mort, elle s'était écriée dans les profondeurs de son âme : Tout est fini! mais elle avait senti ses forces croître et son énergie doubler devant le terrible avertissement, et elle aussi avait fait le serment de ne pas quitter le malade, seulement elle avait refoulé sa douleur dans le fond de son cœur, et elle s'était dit : Lui avant tout. Alors elle avait embrassé madame de Péreux, sans que celle-ci détournât la tête, mais le baiser renfermait toutes les promesses de dévouement que pouvait faire et que saurait tenir l'âme de la jeune femme.

Puis elle avait envoyé chercher le médecin, et elle avait écrit à son père et à Gustave de venir aussitôt. Elle pensait qu'Edmond ne serait jamais trop entouré d'amitiés et de soins.

Nous l'avons dit, le médecin était

venu, et à première vue il avait désespéré.

« Qu'il vive huit jours, lui avait dit Antonine, c'est tout ce que je vous demande, monsieur. »

Les huit jours étaient le temps qu'il fallait à ses lettres pour arriver à Paris, et à M. Devaux pour arriver à Nice. Or, il semblait à Antonine que si l'on pouvait prolonger la vie d'Edmond jusque-là, il serait sauvé.

Elle avait une si grande confiance dans la science et dans l'amour de son père !...

M. Murret, c'était le nom du médecin que M. Devaux avait recommandé à sa fille, répondit à la jeune femme que l'état du malade n'empirerait pas avant huit jours.

L'état pire, c'eût été la mort.

M. Murret pratiqua des saignées
abondantes qui dégagèrent la poitrine
et qui permirent au malade de respirer plus librement; mais il y eut réac-
tion immédiate sur le cerveau, et le
délire survint ; le délire, cette ef-
frayante péripétie de la douleur, cette
douloureuse image de la folie, qui fait
que ceux qui y assistent regardent avec
effroi autour d'eux, ne sachant comment arrêter le flot des paroles sans
suite qui s'échappent au hasard de la
bouche du malade et qui sont plus si-
nistres que le silence, ce silence fût-il
le précurseur du silence éternel.

Pendant le délire qui agitait le sommeil de son fils, madame de Péreux
se penchait sur lui, et elle lui disait,
comme si sa voix eût dû, malgré tout,
arriver au cœur de son enfant :

« Edmond, mon Edmond adoré, ne parle pas ainsi. C'est moi, moi ta mère, qui t'en supplie. »

Mais les lèvres fiévreuses du malade continuaient à s'agiter convulsivement, et le délire continuait.

Pendant ces longues nuits, Antonine se couchait aux pieds de madame de Péreux, et posait sa bouche sur les mains brûlantes de sa belle-mère.

« Espérez, mère, espérez... disait-elle, mon père va arriver. »

Madame de Péreux pressait, sans répondre, la main d'Antonine.

Vous eussiez en vain demandé une pensée ou une parole à la pauvre femme. Elle ne mangeait plus, elle buvait de grands verres d'eau pour calmer sa fièvre. Elle vivait et elle eût vécu ainsi des mois entiers. Son âme seule avait besoin d'aliments, et se nourrissait de craintes et de prières.

Quatre nuits et trois jours se passèrent ainsi.

Le matin du quatrième jour le délire avait cessé, un sommeil plus calme avait reposé le malade, qui s'était réveillé, dans un état de faiblesse extrême, mais cependant avec la perception des choses et des personnes qui l'entouraient.

— Antonine, ma mère, dit-il en tournant la tête du côté des deux femmes.

— Il ne m'a nommée que la seconde, murmura madame de Péreux.

— Depuis combien de temps suis-je couché?... car je ne me souviens de rien, fit Edmond, sur le front duquel pesait comme un voile de plomb.

— C'est aujourd'hui le quatrième jour, mon enfant, fit madame de Péreux. Comment vas-tu?

— Je n'ai qu'une forte douleur au côté. Et vous avez veillé toutes les deux, chacune à votre tour? continuat-il en donnant ses deux mains ou plutôt en essayant d'étendre ses deux mains vers sa mère et sa femme.

— Toutes les deux ensemble, répondit Antonine.

— Mes deux bons anges, soyez bénis, et Edmond sentit des larmes de reconnaissance mouiller ses yeux.

Le peu qu'il avait dit l'avait fatigué, et il s'aperçut qu'il ne respirait qu'avec difficulté. Alors le souvenir lui revint, et à l'idée de la mort prochaine, il se mit à pleurer abondamment.

— Laissez-moi pleurer, disait-il à

Antonine et à sa mère, cela me fait du bien.

Madame de Péreux se laissa retomber sur la chaise qu'elle n'avait pas quittée depuis quatre-vingt-six heures environ.

— Allons, tout est fiui, se disait Edmond qui sentait sa poitrine brûlante et épuisée; c'est moi-même qui ai hâté ma mort, comme si j'avais eu l'éternité à vivre.

Et de nouvelles larmes succédaient à cette pensée, car le pauvre enfant n'avait la force que de pleurer.

Antonine devinait la cause de ces pleurs.

— Calme-toi, Edmond, disait-elle à son mari, j'ai écrit à mon père, il sera ici bientôt.

A cet espoir, l'œil du malade se ranimait un peu.

Pendant ce temps, les deux lettres d'Antonine étaient arrivées. M. Devaux avait été voir aussitôt à la malle-poste s'il y avait une place pour le jour même, la malle étant encore le moyen de transport le plus rapide.

Il n'y en avait pas.

Alors il avait loué une berline et avait fait demander des chevaux de poste, ne se réservant que deux heures pour ses préparatifs.

Gustave avait reçu sa lettre aussi, et il avait couru chez Nichette.

— Edmond se meurt, lui avait-il dit; je pars, ma bonne Nichette. C'est Dieu qui me punit de ne pas l'avoir accompagné; mais il était si heureux que je pensais qu'il n'avait pas besoin de moi.

Tu m'écriras à Nice, poste restante, et je te tiendrai au courant de ce qui se passera.

Nichette et Gustave s'étaient embrassés en pleurant.

— Antonine aura sans doute écrit à son père, fit Daumont; je vais jusque chez M. Devaux et je reviens te dire adieu une dernière fois.

Gustave avait trouvé le docteur faisant ses préparatifs de départ.

— Je pars avec vous, lui dit-il.

— Dans une heure, répondit le docteur.

Gustave sauta dans un cabriolet, retourna embrasser Nichette comme il le lui avait promis, et reparut dans la cour du docteur, au moment où le postillon mettait le pied en selle.

La voiture partit au galop.

Quatre jours après, les deux voyageurs arrivaient à Nice.

VI

UNE NOUVELLE CONNAISSANCE.

—

Deux jours avant que M. Devaux et Gustave arrivassent, Edmond avait été repris du délire, et M. Murret avait pratiqué de nouvelles saignées. Aussi Edmond était-il déjà méconnaissable : l'oppression diminuait peu.

Les deux femmes veillaient toujours : l'une au chevet, l'autre à la tête du lit du malade; et celui qui souffrait le plus des trois, ce n'était pas Edmond, puisque sa pensée ne lui appartenait plus.

Les rideaux du lit, à demi fermés, maintenaient dans l'ombre le sommeil du moribond. Cependant un rayon de la lampe voilée parvenait à se glisser sur le lit et à éclairer la mate pâleur d'une main faible et amaigrie.

Antonine et madame de Péreux, qui, en voyant le jeune homme reprendre connaissance, avaient cru un instant à la guérison, avaient été livrées à des terreurs nouvelles en le voyant retomber dans le même état de faiblesse, de fièvre et de délire.

C'est au lit des mourants que ceux qui les aiment voient reparaître tous les souvenirs qui se rattachent au temps où celui qu'ils vont perdre était heureux, fort et souriant. Le passé revient, portant ses heures joyeuses, et les jetant au hasard sur le présent désolé, comme un enfant qui secouerait sur une tombe sa robe pleine de fleurs. Ces souvenirs sont plus cuisants encore lorsque c'est dans le cœur d'une mère qu'ils se réveillent ; car, pour elle, le passé n'a pas de limites. Aucune des phases de l'existence de son enfant ne lui est inconnue, et son nom évoque d'autres noms, le plus souvent effacés avant le sien. Aidée de son esprit et de son cœur, elle remonte le courant de sa vie et s'assied un instant sous les ombres fraîches encore de la jeunesse, des illusions et de l'amour. Dieu permet que, pendant quelques instants, à défaut du sommeil qui ne vient pas, elle puisse se reposer dans la mémoire des jours heureux : elle n'en souffre que davantage après, et la douleur y retrouve toujours son compte.

Ainsi, au bruit de cette respiration difficile qui, seule, lui rappelait que son enfant n'était pas encore mort, madame de Péreux voyait repasser devant elle l'ombre enfantine d'Edmond, animée de ses premiers sourires, souriant à ses premiers jeux. A cette époque, tout était joie et ravissement autour d'elle. Elle était jeune, et, si elle n'aimait pas avec la fougue des sens et de la passion, elle aimait avec la réflexion du cœur et la raison de l'âme. Le ciel lui envoyait un enfant qui résumait sur lui seul tous les amours qu'elle avait perdus, et tous ceux qu'à son âge elle eût pu avoir. Elle se rappelait ses effrois aux moindres indispositions de la frêle créature, sa joie en le voyant grandir, sa reconnaissance envers Dieu en voyant, comme de fraîches fleurs, s'épanouir aux rayons de la vie l'âme et l'intelligence d'Edmond. Son mari était mort; elle avait alors tout versé: amour, bonheur, espoir, existence même, dans l'enfant qui lui restait, et voilà qu'après vingt-quatre années de soins, de craintes nées et disparues; voilà qu'après avoir fait à son cœur une de ces habitudes qui le brisent en le désertant, elle veillait, elle, sur le lit de mort de son fils, comme elle avait veillé sur son berceau, et qu'elle ne pouvait rien pour retenir ce souffle qui allait, en se perdant dans l'air, emporter avec lui tout un passé de joie et l'espérance de tout un avenir!

Les mères seules peuvent comprendre ce martyre; et, si ce que nous écrivons n'était lu que par des mères, nous nous serions contenté d'écrire :

« Edmond se mourait, et sa mère veillait à son lit de mort! »

N'est-ce pas, mères qui me lisez, que, si vous vous étiez trouvées à la place de madame de Péreux, vous auriez dit malgré vous ce qu'elle disait malgré elle :

« Mon Dieu, conservez-moi mon enfant! Je ne vous demande, je n'ose pas vous demander sa santé, mais qu'il vive, qu'il me voie, que je puisse le voir encore, que je n'entende pas s'arrêter cette respiration à laquelle ma vie est suspendue, que je ne voie pas le prêtre entrer ici, que je n'entende pas près du lit de l'enfant de mes entrailles la prière des morts... que je ne voie pas coucher dans une bière étroite et froide ce corps qui est fait avec mon sang, ce visage qui me souriait et m'appelait : ma mère, ces mains que je puis presser encore!... que je n'entende pas jeter sur lui la terre humide du cimetière!... que je ne voie pas sceller et ravir à mes regards l'être que j'ai senti remuer un jour dans mon sein!... Tout ce que vous voudrez, mon Dieu, en échange de la vie de mon fils... mais qu'il vive pour moi, pour accompagner mes dernières années, pour que je ne souffre pas en ce monde les tortures que vous gardez aux damnés! S'il faut veiller le restant de mes jours comme je veille en ce moment, s'il faut prier sans cesse comme je prie, veilles et prières me seront douces ; Seigneur, quand même il ne le verrait pas, quand même il n'en saurait rien, quand même il ne pourrait ni me voir ni me reconnaître, pourvu qu'il vive... Ou si vous l'aimez mieux, mon Dieu, continuait la pauvre mère dont le cœur pur croyait, au milieu de son désespoir, qu'il est possible de faire des marchés avec Dieu, je ne le verrai plus, je vous consacrerai ma vie, j'entrerai dans un couvent, dont j'userai les marches avec mes genoux; mais je saurai qu'il vit, qu'il est heureux, et de temps en temps vous permettrez à son image de venir visiter mon sommeil, si vous accordez le sommeil aux mères séparées de leur enfant. J'ai eu tort de le laisser aimer et épouser une femme. J'aurais dû le garder pour moi seule, il ne serait peut-être pas mourant à cette heure. C'est ma punition. Tant qu'il a été à moi seule, il ne lui est rien arrivé. C'est cet amour passionné qui l'a tué, tandis que mon amour tranquille et vigilant l'eût fait vivre. »

Et à l'idée que son fils mourrait peut-être, madame de Péreux haïssait presque Antonine.

De son côté, la douce enfant parlait ainsi à Dieu :

« Seigneur, est-il possible que vous me le repreniez après six mois, vous dont le nom se trouvait saintement mêlé à nos rêves et à nos confidences!... Est-il possible que vous ne lui accordiez même pas le terme qui nous effrayait, et qui serait l'éternité maintenant si nous l'avions... Mon Dieu, est-il une douleur plus grande que de voir s'envoler tout à coup le rêve de sa vie, que de voir froide et glacée la bouche qui vous a dit les premières paroles d'amour que nous ayons entendues... Vous le savez, je l'aime, j'ai voulu être à lui ; si, un moment, j'ai espéré triompher de l'avenir, pardonnez-moi, mon Dieu, et ne m'en punissez pas aujourd'hui. Laissez-nous l'un à l'autre. Nous nous aimons tant ! Si vous saviez, Seigneur, les doux rêves que nous échangions quand nous étions seuls. Et je verrais jeter à la terre ce corps que j'ai pressé si souvent dans mes bras? Cela est impossible... Et cependant, si vous ne deviez lui conserver qu'une vie maladive qui fermât son âme à l'amour ; si je ne devais plus entendre les mots qu'il me disait autrefois, et dont le souvenir brûlant me poursuit jusqu'à ce lit de mort; s'il fallait que je renonçasse, pour qu'il vécût, aux joies que depuis six mois son amour me donne; si la guérison ne devait faire de lui qu'un cadavre animé seulement de la vie extérieure, j'aimerais mieux vous le rendre, mon Dieu; car cette mort partielle serait pire que la mort totale. Vivre auprès de lui sans oser lui dire combien je l'aime, dans la crainte de le tuer; vivre à notre âge sans pouvoir nous livrer à l'épanchement de nos deux âmes; avoir sous les yeux le spectacle de sa mort vivante; changer brusquement mon amour ardent et jeune en une inquiétude timide et réservée; rejeter loin de moi la coupe où je viens de poser mes lèvres, et m'ensevelir vivante dans une vie déjà morte, je le sens, mon Dieu, j'aimerais mieux, veuve, me couvrir de deuil dès demain... »

Comme on le voit, ces deux amours, qui se touchaient par un point, étaient cependant bien différents l'un de l'autre, tout en ayant tous deux ce côté égoïste qui est le caractère de tous les amours sincères.

C'est que, s'il est bien difficile à une mère de ne pas se rappeler les douces joies que lui a données son enfant, il est bien difficile à une femme jeune, aimante, passionnée même, mariée depuis six mois à l'homme qu'elle aime, encore toute aux enchantements des premières révélations d'amour, de ne pas se rappeler les heures mystérieuses où ils oubliaient l'un pour l'autre, et où les épanchements physiques complètent les désirs de l'âme.

Comme nous l'avons vu par la décision qu'elle avait prise immédiatement d'épouser Edmond, Antonine était un de ces caractères énergiques et résolus, une de ces natures puissantes et vigoureuses qui ne comprennent pas les demi-choses. Edmond s'était jeté tête baissée dans cet amour, comme un plongeur qui veut aller cueillir une perle et qui se jette à la mer sans savoir si l'haleine ne lui manquera pas à moitié route, et s'il reviendra à la surface vivant ou mort.

Edmond avait donc aimé Antonine avec toutes les poésies, avec toutes les illusions, avec toutes les énergies d'un homme de vingt-trois ans, et la jeune femme ne pouvait se résoudre à voir en lui un autre homme que celui qu'elle connaissait et tel qu'il s'était offert tout d'abord.

Voilà pourquoi son amour à elle ne consentait pas au même sacrifice que celui de madame de Péreux.

Il est probable que si, au lieu d'être mariée depuis six mois, elle l'eût été depuis cinq ou six ans, et qu'elle eût eu des enfants, Antonine eût raisonné tout autrement; mais elle n'était pas encore mère, et la voix impérieuse de la jeunesse parlait encore en elle.

Si Dieu entendait ces prières, et il les entendait, car il les entend toutes, il devait y reconnaître, s'exprimant avec toute leur franchise, les deux natures qu'il a données à la femme.

Comme nous l'avons déjà dit, M. Devaux et Gustave étaient arrivés à Nice; mais madame de Péreux, son fils et Antonine ne demeuraient pas à Nice même, on se le rappelle, et ce qu'ils habitaient n'avait, pour ainsi dire, pas de nom : c'était et ce n'était plus la ville. Plusieurs maisons avaient été bâties de distance en distance, et nos deux arrivants ne savaient à laquelle s'adresser.

M. Devaux regardait donc à droite et à gauche, cherchant un signe qui lui fît reconnaître ce qu'il cherchait, lorsqu'il aperçut trois personnes qui se promenaient, une jeune fille, un vieux monsieur et une vieille dame qui portait un pliant sous son bras droit et qui tenait un livre de la main gauche.

Deux grands levriers couraient devant les trois promeneurs. M. Devaux fit arrêter la voiture, en descendit, et s'adressant au vieux monsieur, il lui dit :

— Pourriez-vous m'indiquer, monsieur, la maison de M. de Péreux, si toutefois vous la connaissez ?

— Nous allons justement savoir de ses nouvelles, monsieur, répondit celui à qui M. Devaux s'adressait. Nous sommes ses voisins, et depuis que ce pauvre jeune homme est malade, nous venons tous les jours savoir comment il va. Nous n'avons pas osé demander à être reçus. Si vous voyez sa mère et sa femme, monsieur, veuillez leur dire l'intérêt bien vif que nous prenons à sa santé.

Pendant ce temps, Gustave était, à

son tour, descendu de voiture, et s'était rapproché de M. Devaux et du groupe des trois personnes auxquelles il parlait.

— Voici la maison de M. de Péreux, continua le vieux monsieur, en étendant la main et en montrant la maisonnette aux persiennes vertes; voici la mienne, continua-t-il, en se retournant et en indiquant une autre maison à une centaine de pas. Je me nomme le commandant de Mortonne, je vis avec ma femme et ma fille ; si nous pouvons être bons en quelque chose à mesdames de Péreux, dites-leur, je vous prie, monsieur, que nous sommes tout à leur service.

Madame de Mortonne et sa fille approuvèrent d'un geste ce que venait de dire le commandant.

— Ainsi, M. de Péreux vit encore? fit le docteur, après les avoir remerciés.

— Avant-hier, il y avait même du mieux, répondit M. de Mortonne.

— Merci, monsieur, merci; je suis le père de madame de Péreux la jeune, je suis médecin, et à mon tour, si le malheur voulait que vous ou quelqu'un de votre famille fussiez malade, permettez-moi de me mettre à votre disposition.

Le commandant et M. Devaux se saluèrent affectueusement, et ce dernier, accompagné de Gustave, s'achemina vers la maison que l'on venait de leur indiquer.

Le commandant, sa femme et sa fille continuèrent leur promenade.

Antonine, en voyant entrer son

père, se jeta à son cou, madame de Péreux lui baisa les mains, et embrassant Daumont comme son propre fils, elle ne lui dit que ces seuls mots : Mon pauvre Gustave!... Mais il y avait dans l'intonation qu'elle avait donnée à ces paroles tout ce qu'elle avait souffert depuis huit jours et tout ce qu'elle redoutait encore.

Le docteur s'approcha du lit d'Edmond et lui prit la main.

Edmond ne bougea pas. La fièvre qui le brûlait le faisait insensible.

— Murret est venu ? demanda le docteur à sa fille?

— Oui, mon père.

— Qu'a-t-il fait?

— Des saignées.

— Tous les jours?

— Tous les jours.

— Bien.

Gustave et la mère d'Edmond écoutaient, haletants, les moindres mots du docteur.

Celui-ci découvrit le corps du malade et colla son oreille sur sa poitrine.

— C'est peut-être Dieu qui envoie cette maladie, fit-il en se relevant et en recouvrant Edmond.

— Que voulez-vous dire? s'écrièrent les deux femmes.

— Je veux dire, continua M. Devaux, que si je le sauve de cette fluxion de poitrine, il sera complétement guéri du mal que nous redoutions. Rien en lui ne se défend plus contre les moyens que je vais tenter, et je puis exercer plus à mon aise sur un malade alité que sur un malade qui boit et mange, et chez lequel le moindre accident peut détruire tous mes efforts.

— Ainsi?... demandèrent les deux femmes.

— Ainsi, reprit M. Devaux, tout me porte à croire que cette maladie est un bonheur, je le répète.

Madame de Péreux et Antonine se jetèrent en riant et en pleurant à la fois dans les bras l'une de l'autre.

La guérison d'Edmond était le point de jonction de leurs deux amours.

Il y eut presque fête dans la maison ce jour-là.

— Combien de temps te faut-il, mon père? demanda Antonine au docteur.

— Edmond peut être sauvé, mais non guéri, dans quinze jours ; seulement sa convalescence sera longue, car ce sera pendant cette convalescence que j'essaierai de détruire complétement le mal. Elle pourra durer cinq ou six mois, que nous passerons ici.

— Tu ne nous quitteras donc pas?

— Tu le demandes! Ton bonheur avant tout, et ton bonheur est dans la santé de ton mari, n'est-ce pas?

— Et dans ta santé, à toi.

— Chère enfant! dit M. Devaux en embrassant Antonine. Maintenant, je ne veux plus, et songe que c'est le médecin, c'est-à-dire le maître qui parle, je ne veux plus de larmes dans la maison.

Trois semaines après, la maison avait, en effet, un aspect tout différent.

Antonine était assise auprès du lit d'Edmond, qui pouvait parler à peine, mais qui la regardait avec toute son âme et qui lui tenait la main.

— Tu as bien pleuré depuis trois semaines, lui disait-il d'une voix affaiblie, mon pauvre ange, comme tu as dû souffrir! Que c'est affreux, la maladie qui vous empêche de voir ceux que vous aimez! Je te sentais là, car une des fibres de mon cœur est attachée à toi, et je ne pouvais te voir, et je ne pouvais te parler, et le délire couvrait ce que j'aurais voulu te dire.

— Pauvre ami!

— Oh! si je reviens à la vie, mon Antonine, je veux que tu sois au monde la femme la plus heureuse, comme tu en es la plus aimée. Où est ma mère, ma bonne mère? sais-tu que je l'oublie presque pour toi? Je t'aime tant, que mon amour reparaît avant ma vie.

— Ta mère est au salon; elle sait que tu aimes à me trouver là quand tu te réveilles; et maintenant qu'elle te voit hors de danger, elle se dit : il n'a plus besoin de moi, et elle fait tout ce qu'elle pense pouvoir te rendre heureux.

— Va la chercher, fit Edmond, dont les yeux se mouillaient au souvenir de la sainte affection de sa mère; je veux la gronder de n'avoir pas attendu mon réveil. Cela lui fera plaisir. Tu n'es pas jalouse d'elle?

— Mais je la crois un peu jalouse de moi.

— Que veux-tu? elle me donne son cœur tout entier, et elle ne peut se résoudre à partager le mien. Si je te perdais, Antonine, je me tuerais ; mais, si je perdais ma mère, je crois que je mourrais de chagrin. Va la chercher bien vite.

Antonine déposa un baiser sur le front sans fièvre de son mari, et elle se rendit au salon.

Une prière muette s'exhala de la bouche du malade. Cette prière demandait à Dieu, pour les deux anges qu'il mettait à ses côtés, la santé et le bonheur que tous les deux lui avaient demandés pour leur cher malade.

Antonine se rendit au salon, où madame de Péreux causait avec le commandant de Mortonne, sa femme, sa fille, M. Devaux et Gustave.

— Ma mère, lui dit-elle, Edmond veut vous voir; il veut vous gronder de ce qu'il n'a trouvé que moi auprès de lui.

Le visage de la mère s'éclaira d'un sourire de joie.

Madame de Péreux courut auprès de son fils.

— Tu penses donc toujours à moi, mon enfant chéri? lui dit-elle.

— Embrasse-moi bien fort, ma bonne mère, fit Edmond en passant ses bras amaigris autour du cou de madame de Péreux; ce sont tes baisers qui me rendent la vie.

— Sauvé! sauvé! murmurait la mère. M. Devaux le disait encore tout à l'heure. Mais est-ce bien vrai, mon Dieu?

Et elle embrassait son enfant.

— Il y a donc du monde au salon? demanda Edmond.

— Oui, il y a le commandant de Mortonne.

— Qu'est-ce que ce commandant ?

— C'est un bien excellent homme, qui vient tous les jours savoir de tes nouvelles avec sa femme et sa fille, une belle grande fille de seize ans. M. Devaux a ses habitudes... A Paris, il allait voir ses malades ; le soir, il recevait du monde et faisait son whist. Ici, il est un peu dépaysé. Dans les premiers temps de ta maladie, tu étais une occupation suffisante pour lui, mon cher enfant ; mais, maintenant que tu vas bien, tout à fait bien..., car tu ne souffres plus, n'est-ce pas ?...

— Non, ma bonne mère ; tranquillise-toi.

—Eh bien, ce pauvre homme trouve les soirées un peu longues, et demande à se distraire un peu. Alors il fait sa partie de piquet ou de tric-trac avec le commandant. Quelquefois, pour lui faire plaisir, nous faisons le whist, que j'ai appris. Cela ne m'amuse pas beaucoup, j'aimerais mieux être auprès de toi; mais il a tant fait pour nous, que je puis bien faire cela pour lui. Il me demanderait ma vie que je la lui donnerais.

— Et Gustave, ma mère, il doit bien s'ennuyer ici ?...

— Point du tout; il monte à cheval avec le commandant et sa fille; ils vont faire des excursions et s'amusent un peu. C'est bien permis, puisqu'on est rassuré sur ton compte. Quand tu pourras te lever, bientôt, dans huit jours, tu viendras au salon et tu joueras avec nous. Il y a encore de beaux jours pour nous sur la terre, va, mon enfant.

— Ma pauvre mère!... dit Edmond en regardant attentivement madame de Péreux, chez qui le bonheur qu'elle ressentait depuis quelques jours, n'avait pu effacer les traces de ce qu'elle avait souffert.

— Oui, fit-elle, je suis un peu changée; j'ai quelques cheveux gris que tu ne connaissais pas avant d'être malade. Mais ce n'est rien, cela, et j'ai dans le cœur une espérance et une jeunesse éternelles.

En disant cela, madame de Péreux embrassait de nouveau son fils, qui n'avait pu retenir quelques larmes qui se séchèrent entre leurs deux baisers.

VII

LE PREMIER MENSONGE DE GUSTAVE.

Gustave avait tenu Nichette au courant des différentes phases de la maladie d'Edmond. Les jours où la modiste recevait des lettres de Nice étaient ses jours de fête. Depuis le départ précipité du jeune homme, elle n'avait pas eu de grandes distractions, elle n'en avait même pas eu du tout. Pour plaire à Gustave, pour être plus à lui, elle avait renoncé à ses anciennes connaissances, et, lui parti, personne ne venait la voir.

Nichette avait commencé par bien pleurer; puis, lorsqu'elle avait appris qu'Edmond était hors de danger, elle en avait été doublement joyeuse, parce que d'abord un ami qu'elle aimait ne mourrait pas, ensuite parce qu'Edmond guéri, Gustave allait pouvoir revenir auprès d'elle.

Elle écrivit donc à Daumont une lettre où elle lui détaillait tous ses ennuis, et où elle lui disait tout le bonheur qu'elle aurait à le revoir.

Gustave reçut la lettre, la lut, la relut deux ou trois fois, et, la mettant dans sa poche, il dit avec une réelle émotion :

— Pauvre Nichette!...

Après quoi il lui répondit qu'Edmond était encore si faible qu'il avait besoin de toutes ses amitiés autour de lui, et que dès que la convalescence serait définitivement en bonne voie, il retournerait à Paris.

Nous avons oublié, et du reste nous n'avions pas besoin de dire jusqu'à présent, que le moribond, en revenant à la vie et en trouvant Gustave à son chevet, entre sa mère et sa femme, avait remercié Dieu de cette troisième consolation qu'il lui envoyait.

Comme nous l'avons vu au chapitre précédent, il n'y avait plus rien à craindre de la maladie d'Edmond; restait le mal dont il était atteint depuis son enfance et que M. Devaux voulait détruire.

Il prévint donc le malade qu'il aurait au moins trois ou quatre mois à passer, sans en sortir, dans sa petite maison, et qu'il comptait sur ce temps pour le transformer entièrement.

Edmond se résigna. Qui ne se fût résigné à sa place, aimé comme il l'était?

On chercha donc pour le malade toutes les distractions qui pouvaient venir à lui, puisque momentanément il ne pouvait aller à elles.

Ces distractions furent pour lui les mêmes que pour tous les convalescents.

Tant qu'il ne put se lever, Antonine resta sans cesse auprès de lui, lisant, travaillant, causant, et s'interrompant souvent de ce qu'elle faisait pour poser sa tête sur le lit d'Edmond, qui dénouait ses cheveux et les caressait pendant des heures entières.

— Sais-tu que je passerais volontiers ainsi le reste de ma vie! lui disait-il. Est-il un bonheur plus grand que le mien? Je te vois, je t'entends; le monde pour moi est dans ces deux mots. A quoi bon le reste de la terre? Pourquoi d'autres horizons? A quoi sert d'aller chercher d'autres cieux et d'autres gens? Ai-je besoin d'autre chose que de ta main pressant doucement la mienne? Ma mère et toi, cette maison tranquille, cette vue bornée, cette promenade solitaire qui serpente à nos pieds, de temps en temps les visites ou les lettres de Gustave, ne serait-ce pas le paradis sur la terre?

Mais toi, te contenterais-tu de cette existence?

— Tout ne me serait-il pas doux avec toi, mon Edmond bien-aimé?

— Bien fous tous ceux qui demandent à la vie d'autres jouissances que celles du cœur et de la douce intimité! Et ton père qui me promet presque de longues années...

— Il te sauvera, et tes vilaines idées de mort s'évanouiront.

— Sais-tu ce que nous ferons alors? Nous achèterons, en Suisse ou en Italie, quelque blanche maison bien solitaire, bien inconnue, cachée comme un nid dans un arbre ou se mirant dans l'eau d'un étang bleu; car ici, nous aurions toujours sous les yeux le spectacle de la mort des autres. Nous nous enfermerons là, ma mère, toi et moi. De ce que diront et de ce que feront les autres hommes, nous ne nous occuperons jamais. Nous cacherons notre bonheur à tous les yeux, nous passerons solitaires et sans que nul ait pu voir de nous que la joie qui fera rayonner nos fronts. Nos enfants, Dieu nous en enverra peut-être, grandiront entre leurs parents et la nature, ils croîtront pour le bien. La même tombe nous réunira, comme le même amour nous aura unis. Nous dormirons tous les deux sur quelque hauteur aimée du soleil, et le pâtre qui passera près de notre pierre en conduisant son troupeau, dira : — Ce furent des heureux. Toute autre ambition que celle-là est folie, vois-tu bien ?

En écoutant son mari parler de la

sorte, Antonine lui prenait les mains et lui souriait. Tout ce qu'il disait, on eût pu croire qu'il venait de le lire dans le cœur de sa femme, car c'était la réalité du rêve qu'elle faisait incessamment. Ils le renouvelèrent tous les jours.

Enfin M. Devaux permit à son malade de se lever et de venir au salon, où il entra s'appuyant d'un côté sur Antonine et de l'autre sur sa mère.

Il était bien changé.....

Il était d'une pâleur de marbre, ses joues s'étaient creusées, ses yeux, que la maigreur du visage faisait paraître plus grands encore, brillaient de tous les nouveaux feux de la vie, ses longs cheveux blonds étaient rejetés avec soin en arrière, et le sourire qui éclairait ce visage pâli était doux, charmant et sympathique comme l'âme dont il était le reflet.

En voyant entrer Edmond, les personnes qui étaient dans le salon se levèrent et vinrent au-devant de lui. Ces personnes étaient celles avec qui nous avons déjà fait connaissance.

— Je sais, monsieur, dit Edmond au commandant, avec quelle bienveillante sollicitude vous êtes venu chaque jour savoir de mes nouvelles, permettez-moi de vous en être reconnaissant et de vous tendre déjà la main comme à un ami.

Le commandant serra avec émotion la main que lui tendait le malade.

— Vous avez bien voulu, madame et mademoiselle, continua Edmond en s'adressant à madame de Mortonne et à sa fille, tenir compagnie à ma mère et la soutenir dans la douloureuse épreuve qu'elle vient de subir.

J'aspire au moment où je pourrai vous faire à mon tour des visites fréquentes. La société d'un malade n'est pas chose bien attrayante, cependant j'espère que pendant la réclusion à laquelle mon cher docteur me condamne encore, vous voudrez bien venir nous visiter de temps en temps.

— Votre bonne mère a été bien inquiète, fit la femme du commandant, et, malgré notre dévouement, nous étions bien insuffisantes, Laurence et moi, pour la distraire un peu de ses craintes.

— Tout cela est fini, heureusement, n'est-ce pas docteur? dit madame de Péreux à M. Devaux.

— Soyez sans inquiétude, reprit celui-ci, tout ira bien.

Edmond tendit les mains à Gustave et au père d'Antonine, et il s'assit dans un grand fauteuil dont sa mère venait de préparer les coussins.

— Que je n'interrompe pas la conversation, dit Edmond. J'ai hâte de m'y mêler.

— Tu ne te sens pas fatigué? lui dit tout bas madame de Péreux.

— Pas encore, ma bonne mère, fit Edmond en souriant, je suis plus fort que tu ne crois. Et il laissa sa main dans la main de sa mère.

— Je racontais au docteur et à M. Daumont, répondit le commandant à Edmond, comment nous étions venus demeurer ici, et madame de Mortonne et moi, nous cherchions en vain les raisons de notre séjour dans ce désert. La petite maison que nous habitons nous a paru charmante, nous nous y sommes fixés. J'adore l'inattendu, moi. Mes changements fréquents de garnison m'ont fait contracter un besoin éternel de séjours nouveaux. Au bout de six mois que je suis dans un endroit, je m'y ennuie, et il faut que j'aille autre part.

Tout en écoutant le commandant, Edmond passait en revue les personnages avec lesquels il faisait connaissance, et que nous n'avons pas encore détaillés.

M. de Mortonne pouvait avoir cinquante-cinq ans. Il portait sur son visage tous les signes auxquels on distingue le militaire. Il avait de grandes moustaches, les cheveux ras ; son œil était franc, ses joues étaient un peu colorées, ses dents belles, ce qui donnait de l'éclat à sa physionomie; il était grand, était vêtu d'une longue redingote, à la boutonnière de laquelle était nouée une rosette d'officier de la Légion d'honneur. Bonhomme dans toute l'acception polie du mot, le commandant avait l'esprit de ne jamais parler de ses batailles, ni de ses blessures, et cependant il avait sur le front une cicatrice qui eût pu, pour un autre, être la source d'une longue histoire.

Madame de Mortonne avait quarante-huit ans environ. Elle avait déjà les allures des toutes vieilles femmes. Elle portait des lunettes et tricotait. Elle était vêtue le plus souvent d'une robe feuille morte, et portait des bonnets comme les aimait madame Angélique, notre ancienne connaissance que nous avons perdue de vue depuis quelque temps, et qui, restée à Paris à la tête de la maison de M. Devaux, n'avait cessé, tous les matins, d'aller murmurer une prière à Saint-Thomas-d'Aquin, pour la guérison du mari d'Antonine. Madame de Mortonne avait dû être jolie. Elle avait conservé de ce temps-là une peau fraîche et des mains d'une éclatante blancheur. Elle avait un embonpoint très-satisfaisant, et qui donnait la meilleure opinion de sa santé et de son régime hygiénique.

Mademoiselle Laurence de Mortonne était, comme l'avait dit madame de Péreux à son fils, une grande belle fille de seize ans. Elle avait les cheveux noirs comme du jais et naturellement ondés, de grands yeux si foncés et si expressifs que l'on ne savait au premier abord s'ils étaient noirs ou bleus. Ils étaient bleus et avaient un côté étonné et sauvage qui donnait un grand attrait à cette figure originale. Mademoiselle de Mortonne avait une peau de satin, une bouche peut-être un peu grande, mais si gracieuse et ornée de dents si belles, que ce défaut devenait presque une qualité.

Elle était mince, et sa taille, pleine de souplesse, eût été comparée volontiers par un poëte au roseau ou au palmier.

Je ne sais pas pourquoi, cela soit dit entre parenthèses, on compare souvent les tailles souples au palmier, qui est un des arbres les moins souples de la création.

Mademoiselle de Mortonne portait

une robe noire boutonnée jusqu'au cou.

Elle regardait Edmond avec curiosité.

Sa nature vigoureuse semblait ne rien comprendre à cette nature faible et maladive.

— Eh bien! commandant, il faut déroger à vos habitudes et rester longtemps ici. Quand M. Devaux me permettra de sortir, nous ferons ensemble quelques bonnes excursions, reprit le malade.

— Ce pays me convient ; il n'est pas très-gai, mais s'il ne déplaît pas à madame de Mortonne et à Laurence, et que ma société puisse vous distraire un peu, qui empêche que nous y restions six mois de plus?

— Rien, fit madame de Mortonne.

Laurence ne donna point son avis.

— Que diable as-tu donc, Gustave? dit tout bas Edmond en se penchant à l'oreille de son ami, qui paraissait plongé dans la rêverie la plus profonde.

— Que veux-tu que j'aie?... répondit Gustave, j'écoute.

— Tu t'ennuies ici, toi, reprit Edmond, avoue-le?

— Moi! au contraire.

— A quoi penses-tu donc alors, si ce n'est à Paris, à Nichette?

— J'ai reçu une lettre d'elle ce matin.

— Que te dit-elle?

— Elle voudrait venir me rejoindre ici.

— Que ne vient-elle?

— Elle serait trop gênante.

— En quoi?

— Je serais trop à elle, et je ne serais pas assez à toi.

— Il y a une chose que je me demande, fit Edmond.

— Qu'est-ce?

— C'est pourquoi tu n'épouses pas Nichette.

— Jamais!

— Pourquoi jamais? Tu l'aimes, elle t'aime, elle se jetterait dans le feu pour toi. Tu sais l'estime, je dirai presque l'affection, que ma mère a pour elle. Si tu l'épousais, si elle était ta femme, rien n'empêcherait plus qu'elle vînt avec nous. Vois comme nous serions heureux. Tu aurais fait le bonheur d'une bonne créature, et tu ne trouveras peut-être jamais, même dans les familles les plus honnêtes et les filles de la plus haute position, un cœur pareil à celui de Nichette. Je te donne ma parole d'honneur qu'à ta place je l'épouserais.

— Tu es fou.

— Tu as donc encore des préjugés?

— Oui.

— Tu as tort. En tous cas, si tu lui écris, dis-lui que je l'embrasse bien fort.

Pendant ce temps, M. Deyaux et M. de Mortonne avaient commencé leur piquet, et madame de Péreux s'était approchée de mademoiselle Laurence avec qui elle s'était mise à causer de toutes ces frivolités que les femmes ont toujours à leur service.

Gustave s'était levé à son tour et s'était approché aussi de Laurence. Seulement, il était resté debout.

— Monsieur votre père compte-t-il faire une promenade à cheval demain matin, mademoiselle? dit-il à la jeune fille.

— Sans aucun doute, s'il fait beau. Nous n'avons guère que cette distraction ici.

— Si monsieur votre père le permet, je vous accompagnerai.

— Cela lui fera plaisir. Avec vous, il peut causer et fumer, tandis que ma société seule est bien uniforme pour un ancien militaire.

— Vous avez donc trouvé des chevaux ici, mon enfant? demanda madame de Péreux à Laurence.

— Oui, madame, et d'excellents même. M. Daumont en a un qui est une merveille.

— Je l'ai mis souvent à votre disposition, mademoiselle ; si vous voulez le monter, il y est encore.

— Il est trop fougueux pour moi, il me fait peur.

— C'est de la modestie, mademoiselle. Vous montez à cheval beaucoup mieux que moi.

— C'est son père qui lui a appris cet exercice, dit madame de Mortonne, et elle ne pouvait avoir un meilleur maître.

— Comment te sens-tu? disait Antonine à Edmond.

— Très-bien, amie, et je suis bien heureux. Vois combien cette vie serait agréable. Des soirées passées au milieu de gens que l'on aime : que souhaiter de plus?

— Pense toujours ainsi, c'est tout ce que je demande à Dieu.

Madame de Péreux laissa Gustave causer avec Laurence, à côté de laquelle il s'assit, et elle alla préparer elle-même la tisane que d'heure en heure devait boire son fils, et elle la lui apporta.

Les deux joueurs terminèrent leur partie de piquet, le commandant prit son chapeau et l'on se disposa à se séparer.

— Mon père, dit Laurence, M. Daumont demande si nous monterons demain à cheval ?

— Certainement.

— Eh bien, à huit heures, fit Daumont, j'irai vous prendre, commandant.

— Nous serons prêts.

Les deux familles prirent congé l'une de l'autre et l'on se quitta.

Gustave monta dans sa chambre qui était au-dessus de celle d'Edmond, et il ouvrit sa fenêtre.

Il regarda s'éloigner M. de Mortonne, sa femme et sa fille qui marchait derrière eux, toute seule, comme cela lui arrivait souvent.

Il vit Laurence qui se retournait et qui regardait du côté de la maison de madame de Péreux.

Il ferma sa fenêtre.

« Il faut que j'écrive à Nichette, se dit-il, » et en effet il s'assit devant une table, prit une plume et se disposa à écrire.

Mais avant qu'il eût tracé une lettre, il avait laissé tomber sa tête sur sa main gauche, et la plume resta inactive dans sa main droite.

Sans doute il pensait à ce qu'il allait

écrire, quoique autrefois les mots vinssent tout seuls.

Peut-être aussi n'était-ce pas à cela qu'il pensait.

Après un quart-d'heure de réflexion, il écrivit :

« Ma bonne Nichette, j'ai reçu ta lettre ce matin, et... »

Il s'arrêta de nouveau, mais cette fois il se leva et alla rouvrir sa fenêtre, il regarda quelques instants la route, du côté par lequel M. de Mortonne rentrait chez lui.

La route était déserte.

Gustave revint s'asseoir, et relut la lettre de Nichette, comme s'il avait besoin de cela pour savoir ce qu'il devait lui dire. Ensuite il reprit sa plume et il continua :

« Et j'y réponds ce soir, après une bonne soirée que nous venons de passer avec Edmond, qui s'est levé aujourd'hui pour la première fois, sa mère, sa femme, un vieux monsieur et une vieille dame qui sont nos voisins et qui viennent tous les jours faire visite à notre malade. »

Était-ce par hasard ou volontairement que Gustave omettait de dire que ce vieux monsieur et cette vieille dame avait une jolie fille?

C'était par hasard, sans doute; car, quelle raison de cacher cela à Nichette?

Quand Gustave eut écrit la phrase que nous venons de dire, on eût pu croire qu'il n'en écrirait pas davantage; car, au lieu de continuer, il s'amusa à faire des points avec sa plume

sur le bois de la table où il écrivait ;
et lui, qui ne pouvait arriver à poursuivre
attentivement sa lettre, il paraissait
mettre la plus grande attention
à bien faire ces points à une
distance égale les uns des autres.

Il passa tout à coup le doigt sur ces
points, il les effaça et se remit à écrire :

« Il fait toujours beau ici, et je suis
sûr qu'à l'heure où je t'écris il pleut à
Paris, tandis que nous avons un ciel
criblé d'étoiles. »

Évidemment, la pensée de Gustave
était ailleurs ; car il avait écrit ces deux
dernières lignes presque sans regarder
le papier, et parce qu'il sentait qu'il
fallait écrire quelque chose. Mais en
quoi cela pouvait-il intéresser Nichette,
qu'il y eût des étoiles à Nice, tandis

qu'il pleuvait probablement à Paris ? Gustave comprit cela sans doute, car il prit une autre feuille de papier et se disposa à écrire une autre lettre; mais sur cette nouvelle feuille il ne mit qu'un mot, et ce mot était :

« Mademoiselle. »

Mais comme il allait continuer, il s'arrêta, et, froissant cette feuille de papier dans sa main, il la jeta dans la cheminée, en disant :

« Allons, je suis fou! » Et il reprit la lettre qu'il avait commencée pour Nichette.

« Je ne regrette qu'une chose ici, continua-t-il après avoir relu ce qu'il avait écrit déjà, car il ne se le rappelait plus : c'est toi, ma bonne Nichette, toi à qui je pense sans cesse, et qui, je l'espère bien, penses un peu à moi. Dès qu'Edmond sera tout à fait hors de danger, je retournerai à Paris, et je n'ai pas besoin de te dire où je courrai tout de suite en arrivant. Tu dois bien t'ennuyer, ma pauvre enfant, l'hiver est si triste à Paris ! Mais sois tranquille, cette séparation ne durera pas longtemps, et nous ne nous quitterons plus.

« Je ne t'en écris pas plus long, parce que l'heure de la poste me presse; mais ma prochaine lettre aura quatre pages. »

Gustave avait écrit cette dernière partie avec rapidité, résolûment, pour ainsi dire, et comme s'il eût craint que quelque chose ne l'arrêtât encore en route.

Mais pourquoi, puisqu'il écrivait à

dix heures du soir, disait-il que l'heure de la poste le pressait?

C'était la première fois que Gustave faisait un mensonge à Nichette, et qui sait si celui-là était le seul qu'il y eût dans sa lettre.

VIII

CE QUI DEVAIT ARRIVER TOT OU TARD.

La nature, prévoyante en tout, a permis que le malade qui entre en convalescence se contentât des plaisirs simples qu'on peut lui offrir et qui ne peuvent entraver en rien la guérison complète. Il contracte facilement des habitudes que, lorsqu'il était en bonne santé, il trouvait ridicules chez les vieillards mêmes, et auxquelles il lui semblait que sa nature ne pourrait jamais se prêter. Le grand fauteuil qui succède au lit, la visite de gens que, dans l'état normal, on trouverait assommants, une causerie douce, sans cause et sans effet, un rayon de soleil glissant à midi par la fenêtre entr'ouverte, le repas de viandes blanches, un peu de lecture, une partie de dames ou d'écarté, que celui avec qui il joue lui fait gagner pour lui faire plaisir, tout cela finit par donner un but et une occupation presque attendue à la journée d'un convalescent. L'esprit, fatigué par l'épuisement du corps, ne souhaite rien de plus; et, comme chaque jour qui passe redonne à la personne malade une force nouvelle, il arrive un moment où le sujet, comme disent les médecins, se trouve rentrer, sans presque s'en apercevoir, dans sa vie passée, et se rappelle avec étonnement le temps où il mettait son ambition à aller, et où il allait à grand'peine, de son lit à sa table, et de sa table à son lit.

La maladie est un avertissement que la Providence donne à l'homme, et dont l'homme profite peu, nous devons le dire; car rien ne s'oublie plus vite que le mal passé. On rencontre tous les jours des gens qui vous disent : Il y a deux ou trois ans, j'ai eu une maladie de six mois; et rien dans l'intonation de cette phrase ne rappelle le mal qu'ils ont dû supporter pendant ce temps.

La maladie a cela d'heureux cependant, qu'elle régénère les impressions, et, pendant quelque temps, vous fait envisager la nature sous un aspect nouveau. Comme elle vous a plus ou moins rapproché de la mort, c'est-à-dire de Dieu, elle vous donne une soif inaltérable de toutes les choses qui viennent de lui. Les arbres, les bois, les fleurs vous apparaissent comme des amis que l'on a craint de ne plus revoir, et que l'on retrouve toujours les mêmes, bons et affectueux.

Puis ce temps passe, et ces douces émotions font place à ce qu'on appelle les grandes préoccupations de la vie. Or, je voudrais savoir, à ce propos, si l'être intelligent qui arrive à cinquante ans et qui regarde en arrière, trouve dans son passé un souvenir plus agréable que celui du temps qu'il a pu donner aux plaisirs faciles et aux joies sereines de la nature.

Pourquoi regretterait-on toujours l'enfance, si ce n'était pour l'indépendance d'esprit que l'on a étant enfant, et qui ne laisse l'âme accessible qu'aux chastes impressions de ce monde, auxquelles vient plus tard se joindre l'amour, cette fleur qui pousse pour tous les hommes au même endroit du chemin, qu'ils cueillent, qu'ils respirent, qu'ils souillent le plus souvent, qu'ils jettent, et qu'ils voudraient ramasser ensuite dans la fange où ils l'ont laissée tomber, et où son essence divine l'a empêchée de se corrompre?

On comprend qu'avec le caractère que nous lui connaissons, Edmond se prêtat aisément aux exigences de sa maladie, laquelle avait eu sur lui l'influence de lui faire oublier les craintes de l'avenir. En effet, la santé que M. Devaux lui avait miraculeusement rendue était comme une garantie de guérison.

« Si j'avais dû mourir, se disait-il intérieurement, je serais mort.

Néanmoins, il n'y avait en lui ni conviction ni espérance même; il était heureux de revoir autour de lui tous les êtres qu'il aimait et auxquels il avait failli être ravi. Le médecin qui l'avait déjà sauvé une fois lui disait d'avoir confiance, et il se laissait aller sans arrière-pensée à cette sensation si douce de l'homme qui sent la vie rentrer en lui.

Le temps s'écoulait donc ainsi. Les jours d'Edmond se succédaient les uns aux autres, apportant le tribut de bien-être que la science leur demandait.

Le traitement auquel M. Devaux avait soumis son gendre commençait à opérer. La toux qui avait succédé à la fluxion de poitrine s'affaiblissait peu à peu. Le traitement, du reste, était bien simple, quoique peu de médecins osassent en faire usage, car il n'était connu que depuis peu de temps. Il avait été trouvé par un chirurgien anglais, M. Cooper, qui en avait signalé les bons effets. Il consistait tout simplement à faire rester le malade dans une température toujours la même, et à lui administrer une solution d'hydriotate de potasse dont la dose était graduellement augmentée.

Encore fallait-il connaître admirablement l'organisation et le tempérament du malade ; car ce remède, bon pour les uns, pouvait être funeste aux autres, et ne devait pas, par conséquent, être employé avec les premiers malades venus.

Il y avait deux mois que Gustave avait quitté Paris, et il ne songeait pas encore à y retourner, quoique les lettres de Nichette devinssent de plus en plus pressantes, quoique l'état satisfaisant d'Edmond lui permît de s'éloigner, si quelque chose le rappelait ; quoique madame de Péreux elle-même, qui connaissait la grande affection du jeune homme pour la modiste, lui eût souvent dit qu'elle lui rendait sa liberté et qu'elle ne voulait pas lui faire pousser plus loin son dévouement à son fils.

Malgré tout cela, Gustave était resté.

C'est que quelque chose de nouveau se passait en lui, c'est que, comme nous avons essayé de l'indiquer dans le chapitre précédent, un autre nom venait se placer à côté de celui de Nichette, et commençait à l'effacer.

Nous aurons quelque peine à décrire les différentes impressions auxquelles Gustave se trouvait livré depuis qu'il était auprès d'Edmond et qu'il avait fait la connaissance de la famille de Mortonne. Lui qui jusqu'alors n'avait envisagé l'amour, ainsi que nous l'avons dit, qu'au point de vue du plaisir, et qui, en aimant Nichette comme il l'aimait, c'est-à-dire comme une maîtresse agréable et comme une sœur dévouée, croyait avoir atteint aux dernières limites de son cœur, Gustave, disons-nous, était tout étonné du jour nouveau qui se faisait dans son âme et qui en éclairait certaines parties qui, jusqu'alors, lui étaient restées inconnues.

Il n'aimait pas encore Laurence de Mortonne autant qu'il aimait la modiste, mais il sentait que bientôt il l'aimerait davantage, et en tout cas, il se rendait déjà compte de l'impossibilité où il se trouvait de se détacher brusquement des lieux qu'elle habitait.

D'un autre côté, l'amour réellement pur que Nichette avait ressenti pour lui, les bonnes journées qu'il lui devait, sa charmante figure si bien faite pour le sourire et qu'à travers les deux cents lieues qui le séparaient d'elle il entrevoyait triste et baignée de larmes peut-être, le chagrin qu'une séparation éternelle allait faire à cette pauvre enfant qui avait mis tout son bonheur en son amant, et que cette rupture laisserait sur une des plages les plus désertes de la vie, tout cela repassait le soir dans l'esprit de Gustave et faisait bien de temps en temps peser la balance du côté de Nichette.

Mais cela ne durait pas assez longtemps pour enfanter une résolution, et lorsque le lendemain la belle et chaste figure de Laurence se montrait, la pauvre Nichette, qu'il fallait faire deux cents lieues pour rejoindre, perdait de son influence et avait le dessous dans la comparaison.

Souvent, avant que cela fût une chose probable et alors même qu'il croyait que cela ne serait jamais, Gustave s'était dit, et nous avons communiqué cette réflexion aux lecteurs : Si je me marie, j'assurerai le sort de Nichette et tout sera dit. Mais, à cette époque-là, nous le répétons, le mariage n'était pas dans les idées de Gustave, et aucune femme ne se présentait qui le lui fît désirer. On ne prépare souvent son cœur et son esprit à de certaines choses que parce que l'on est intérieurement convaincu qu'elles n'arriveront pas, et si le hasard les rend probables, possibles même, on s'aperçoit de la difficulté qu'il y a à tenir cette résolution qui paraissait si facile. Maintenant ses idées avaient changé, le mariage avait pris une forme, et voilà que ce qu'il acceptait si facilement autrefois, comme moyen de consoler Nichette, lui paraissait insuffisant ; car une voix secrète lui disait qu'il devait autre chose qu'un dédommagement d'argent à la pauvre fille que son abandon allait désespérer.

Alors il se rappelait le conseil d'Edmond qui lui avait dit : « Épouse Nichette, et il se disait : — Pourquoi pas? » Mais les fibres de l'amour-propre résonnaient alors en lui, et il subissait ce raisonnement, qui, malheureusement, heureusement peut-être pour Nichette, est logiquement inhérent à la nature de l'homme :

« Nichette m'aime bien, c'est une excellente fille, pleine de cœur, mais, après tout, ce n'est qu'une modiste, une grisette qu'il n'y a aucune raison pour que j'épouse, puisque je suis son amant et que si je veux continuer à vivre avec elle, je le puis aisément sans l'épouser. Puis, madame de Péreux la recevrait peut-être, parce qu'elle est au-dessus des préjugés et qu'elle la connaît, mais le monde l'accepterait-il aussi facilement, et moi-même, si elle était ma femme, ne lui demanderais-je pas compte du passé et ne la rendrais-je pas malheureuse? Non; cela est décidément impossible. D'ailleurs, puisque c'est mademoiselle de Mortonne qui m'a fait venir ces idées de mariage, quelle raison y aurait-il que j'épousasse Nichette? »

C'est que Gustave en était arrivé à cet état qui n'est déjà plus l'indécision. Il se trouvait placé entre deux femmes, l'une dont il était l'amant depuis deux ans, qui n'était qu'une grisette, qu'il aimait, mais de cette affection que l'on donne à sa maîtresse quand on commence à ressentir de l'amour pour une autre femme; l'autre, jeune, belle, de bonne famille, pure, comme un ange, à laquelle il avait révélé les premières émotions de l'âme (car Laurence commençait à s'apercevoir qu'une portion de son âme suivait Gustave quand elle le quittait), dont le monde le féliciterait, et dont pas un homme jusqu'à cette heure n'avait effleuré le bout du doigt.

Gustave n'était donc plus retenu que par les délicatesses de son cœur.

« Comment avouer cela à cette pauvre Nichette?... se disait-il. »

Ajoutez que la vanité de l'homme, qui le pousse toujours à aller au delà du vraisemblable, triplait l'impression que ce mariage ferait à la modiste, et qu'il en arrivait à se dire :

« Si elle allait se tuer en apprenant cela ?

« On ne se tue pas pour cela, reprenait-il ; au contraire, Nichette m'oubliera... » Et voyez comment est faite la nature de l'homme, l'idée que Nichette l'oublierait faisait de la peine à Gustave, quand, au contraire, elle eût dû lui faire plaisir, puisque c'était pour lui une excuse aux projets qu'il avait.

Le cœur de l'homme est semblable au labyrinthe de Dédale : quel que fût le chemin que l'on prît, on se retrouvait toujours en face du Minotaure. Quel que soit le chemin que prenne l'homme dans la vie, il se retrouve toujours en face de son égoïsme, Minotaure qui tue les illusions, ces vierges de l'âme.

Comme on le pense bien, Gustave n'en était pas venu à penser à son mariage avec Laurence sans avoir acquis de graves garanties que ce mariage était possible.

Laurence n'aimait personne, il en était sûr, car rien n'est facile à surprendre comme les secrets d'une jeune fille, quand on a atteint avec elle un certain degré d'intimité. Il était sûr, en outre, que si elle ne se sentait pas déjà pour lui une sympathie très-prononcée, au moins elle ne s'opposerait pas à devenir sa femme, si M. et Mme de Mortonne subordonnaient leur consentement au sien.

Plusieurs fois Gustave avait adroitement, ou plutôt avait cru adroitement questionner le commandant sur ses intentions à l'égard de sa fille, et il avait appris que le commandant serait tout disposé à la marier si elle trouvait un homme qui lui plût et qui fût dans des conditions de fortune et de position convenables.

Quant à madame de Mortonne, elle voulait ce que voulait son mari; et si nous avons dit que Gustave avait cru questionner adroitement le commandant, c'est que celui-ci, auquel il ne voulait pas faire connaître tout de suite ses intentions, les avait quelque peu devinées et s'en était souvent entretenu avec sa femme.

— M. Gustave Daumont serait un excellent parti pour Laurence, avait dit madame de Mortonne, si j'en crois mes impressions sur lui. Du reste, je parlerai de lui à madame de Péreux, et je saurai à quoi m'en tenir sur son compte.

Les parents de Laurence s'étaient aperçus que Gustave faisait la cour à leur fille, ce dont Gustave ne s'était pas aperçu lui-même.

Quand on commence à devenir amoureux d'une femme, à défaut des paroles qu'on n'ose lui dire et qui seraient l'expression de l'amour que l'on ressent déjà et que l'on a besoin d'épancher d'une façon quelconque, on laisse son regard dire, et cela souvent malgré soi, tout ce que la bouche retient encore.

Ce sont ces regards que voient les parents, qui sont là pour tout voir et pour veiller sur leur enfant.

Or, tout en causant de la pluie et du beau temps avec Laurence, Gustave la regardait comme regarde un homme qui pense à tout autre chose qu'à ce qu'il dit.

Un jour donc madame de Mortonne dit à madame de Péreux :

— M. Gustave Daumont est un ami de votre fils?

— Un camarade de collége, répondit madame de Péreux.

— D'une bonne famille?

— D'une famille excellente.

— Ses parents vivent encore?

— Non ; il est orphelin.

— Il a de la fortune?

— Vingt mille livres de rentes environ, ce qui est fort beau pour un garçon.

— Quel caractère a-t-il? Je vous dirai tout à l'heure pourquoi je vous demande tout cela.

— Il a le caractère que vous lui connaissez; il est bon, plein de cœur; je l'aime presque autant que si c'était mon propre fils; c'est tout vous dire.

— Merci, ma chère madame de Péreux, je dirai tout cela à mon mari.

— Que se passe-t-il donc?

— Il se passe que M. Daumont fait un peu la cour à Laurence; qu'elle est en âge d'être mariée; qu'il ne lui déplaît pas, si j'en crois ce qu'elle m'a dit, et que je serais heureuse que ce mariage se fît, car il nous rattacherait encore plus à vous, par l'amitié que M. Daumont porte à monsieur votre fils.

— Ah! il fait la cour à mademoiselle Laurence! dit madame de Péreux.

— Vous dites cela comme si vous voyiez quelque empêchement à ce mariage.

— Aucun, je vous assure, répliqua madame de Péreux; seulement, je suis étonnée de ne pas m'être aperçue comme vous que Gustave aime Laurence.

— Oh! c'est bien facile à voir. Mais vous n'êtes occupée que de M. Edmond, et il est tout naturel que ce qui se passe autour de vous et qui ne le regarde pas ne vous frappe point.

— Vous avez raison. Eh bien, je parlerai de cela à Gustave; le voulez-vous?

— Bien volontiers. Sondez ses intentions, et si vous voyez que je ne me suis pas trompée, dites-lui que M. de Mortonne et moi, nous sommes dans les meilleures dispositions pour lui. Si ces enfants doivent être heureux ensemble, autant que cela soit tout de suite.

— C'est juste. Dès aujourd'hui j'aurai causé de tout cela avec Gustave ; il m'aime comme sa mère et il ne me cachera rien.

Nous n'avons pas besoin d'expliquer ce qui avait causé l'étonnement de madame de Péreux. Le souvenir de Nichette s'était présenté à elle, et elle n'avait pu s'empêcher de plaindre la modiste.

Le soir même elle prit Gustave à part.

— J'ai à vous parler, Gustave, lui dit-elle, et de choses sérieuses.

— Je vous écoute, madame.

— Vous aimez mademoiselle de Mortonne, fit madame de Péreux, qui, avec la franchise qui la caractérisait arrivait droit au but.

— Vous avez deviné cela, madame, dit Gustave en rougissant.

— Non, ce n'est pas moi qui l'ai deviné, c'est madame de Mortonne qui l'a vu.

— Elle vous en a parlé?
— Oui, tout à l'heure.
— Que vous a-t-elle dit?
— Ce que, comme mère, elle devait me dire. Elle m'a questionnée sur votre compte; et comme je n'avais à dire de vous que d'excellentes choses, elle a ajouté que, dans le cas où vous demanderiez la main de sa fille, rien ne s'opposerait à votre mariage avec elle.

— Que je vous remercie, madame,

dit Gustave en prenant la main de madame de Péreux.

— Ainsi, continua celle-ci, si vous le voulez, je pourrai vous servir d'intermédiaire?

— De mère, vous voulez dire.

— N'aimez-vous pas Edmond comme votre frère?

— Que vous êtes bonne!

— Maintenant, voulez-vous me permettre de vous donner un conseil?

— Dites, dites, madame, et quel qu'il soit, je le suivrai.

— Eh bien! à votre place, Gustave, j'irais à Paris avant de me prononcer.

— J'irai, répondit Daumont qui ne se trompait pas à l'intention de ce conseil, et qui baissa les yeux.

— Cela, reprit madame de Péreux, me donnerait le temps de m'étudier et de me rendre compte de mes véritables impressions. Peut-être, une fois à Paris, au sein du monde, au milieu d'autres jeunes filles, près des gens que vous aimiez autrefois, vous apercevrez-vous que cet amour nouveau n'a pas de racines bien profondes dans votre cœur, et que l'isolement seul l'a fait naître. Mademoiselle de Mortonne est la seule jeune fille que vous voyiez ici, depuis deux mois que vous y êtes. Il est tout naturel que toutes vos imaginations se soient portées sur elle; mais il serait naturel aussi que vous vous aperçussiez un jour que vous avez eu tort d'obéir à un premier mouvement. Le mariage est chose sérieuse. Vous le voyez par celui d'Edmond. Avant d'en contracter un, assurez-vous que votre cœur en a besoin pour être heureux, et qu'il a définitivement rompu avec ce qui faisait son bonheur autrefois.

Madame de Péreux appuya sur cette dernière phrase, dont le sens caché n'échappait pas au jeune homme, et qui ne pouvait faire autrement que de lui en être reconnaissant.

— Puis, ajouta madame de Péreux, il vous faut tous vos papiers, que vous n'avez pas ici, afin que vous soyez en règle quand vous reviendrez, et que le mariage puisse se faire tout de suite.

— Comme votre cœur saisit tout, madame, fit Gustave, et comme je vous sais gré de ce que vous venez de me dire.

— Allons! vous m'avez bien compris, Gustave... Ne soyons jamais ingrats envers ceux que nous avons aimés. Si, malgré votre séjour à Paris, vous vous apercevez que votre bonheur dépend de mademoiselle de Mortonne, ce sera une dernière joie que vous aurez donnée à quelqu'un qui, j'en suis sûre, pense à vous à cette heure. Partez demain matin. Vous avez plus d'un mois devant vous. Quelques jours avant de quitter Paris, si vous revenez toutefois, écrivez-moi, et quand vous arriverez, votre mariage sera chose conclue.

Est-ce cela?

— Vous prévoyez tout. Qu'Edmond est heureux de vous avoir pour mère, et que je suis heureux, moi, que vous veuillez bien me guider un peu!

L'avis de madame de Péreux était sensé, et Gustave fut enchanté de l'avoir reçu. Il conciliait tout, en effet, et pesait les choses dans une balance égale.

A Nice, Gustave ne se sentait pas le courage d'aller retrouver Nichette et de quitter Laurence; il s'agissait de savoir si, revenu à Paris, il aurait le courage de venir retrouver Laurence et de quitter Nichette. Lequel serait le plus fort, de l'amour ancien ou de l'amour nouveau?

Tout était là.

Gustave monta dans sa chambre faire ses préparatifs de départ, et puisqu'il partait, il eut hâte de donner une joie à Nichette, et lui écrivit:

« Je pars presque en même temps que cette lettre. Une demi-journée après elle, je serai à Paris. »

Il alla faire une visite d'adieu à M. et à Mme de Mortonne.

— Vous nous reviendrez? lui dit le commandant.

— Le plus tôt possible, répondit Gustave.

Madame de Mortonne échangea un regard avec son mari qu'elle avait prévenu de la démarche qu'elle avait faite auprès de madame de Péreux.

Laurence sentit son cœur battre violemment.

— Je vous retrouverai ici, commandant? demanda Gustave.

— Nous n'en bougerons pas, répondit M. de Mortonne.

Gustave prit aussi congé de Laurence.

Elle lui tendit une main qu'il pressa et qui répondit légèrement à cette pression.

— Pourquoi M. Daumont part-il?

demanda-t-elle à sa mère quand Gustave se fut éloigné.

— Parce qu'il a l'intention de se marier, je crois, répondit madame de Mortonne, à qui madame de Péreux avait fait part d'une partie de sa conversation avec Gustave et du résultat qu'elle avait eu, et qu'il faut pour cela qu'il arrange ses affaires.

En disant cela, madame de Mortonne regardait confidentiellement sa fille.

— Ma bonne mère!... s'écria celle-ci en se jetant dans ses bras.

— Tu l'aimes donc décidément?

— Oui, ma mère.

— Eh bien! dans quelques jours, tu pourras le lui avouer.

Gustave partit, laissant la petite maison de la route de Nice livrée à ses tranquilles préoccupations de chaque jour.

Edmond allait aussi bien qu'il pouvait aller dans l'état où il était.

Quatre jours après son départ, Gustave arrivait à Paris, courait à la rue Godot, et Nichette, qui l'attendait avec impatience, se jetait à son cou sans pouvoir retenir les larmes de joie que lui faisait verser ce retour inattendu.

Huit jours auparavant, Gustave croyait ne pouvoir s'éloigner de Laurence. Pendant le premier baiser qu'il reçut de Nichette, il fut convaincu qu'il ne pourrait plus quitter Paris.

Que ceux qui expliquent le cœur humain expliquent cela. Moi, je raconte.

IX

ÉPREUVE.

———

Rien n'était changé chez Nichette. Gustave sentit que la place où il la retrouvait était celle où depuis plus de deux mois elle l'avait attendu. Les murs prennent un caractère nouveau des habitudes nouvellement contractées. Toutes les choses que Gustave connaissait chez Nichette s'offrirent si bien dans le même ordre à ses yeux, qu'il oublia un instant qu'il avait quitté Paris.

— Enfin, le voilà donc!... s'écria la jeune fille en pressant les mains de Daumont et en le regardant. Que je suis contente! Je craignais de ne plus te revoir, fit-elle en riant; car, du moment qu'elle était sûre du retour, elle pouvait rire en parlant de l'absence.

— Je ne pouvais pas quitter Edmond, chère enfant, répondit Gustave... Si tu savais comme il a été malade...

— Mais il est sauvé?

— On l'espère, du moins.

— J'ai bien pensé à lui, pauvre garçon!... Tous les soirs je priais pour vous deux.

— J'espère que je le retrouverai tout à fait hors de danger.

— Tu vas donc repartir? dit Nichette avec tristesse?

— J'ai promis à madame de Péreux et à Edmond de revenir auprès d'eux.

— Ah! fit Nichette d'une voix résignée, où perçait l'émotion que lui causait cette nouvelle.

— Qu'as-tu? lui demanda Gustave qui savait bien ce que Nichette avait, mais qui avait voulu établir tout de suite la possibilité de son départ, dans le cas où Nichette serait insuffisante à lui faire oublier Laurence.

— Il y a dix minutes que tu es arrivé; avant d'ôter ton manteau de voyage, tu me dis que tu vas repartir, et tu me demandes ce que j'ai!...

— Rassure-toi, nous avons quinze bons jours à passer ensemble.

— Quinze jours seulement!

— Trois semaines peut-être.

— Tu aimes donc bien Edmond? fit Nichette en regardant Gustave d'un certain air.

— Tu le sais bien, et il ne m'a pas laissé partir sans peine. Mais je n'y tenais plus, et je voulais absolument te revoir.

— Est-ce bien vrai?

— T'ai-je jamais menti?

— Je commençais à avoir peur, sais-tu bien? dit la jeune fille en jetant sur son lit le manteau et la casquette de voyage qu'elle venait d'ôter à Gustave.

— Et de quoi avais-tu peur?

— J'avais peur que tu ne m'aimasses

plus et que tu eusses donné ton cœur à une autre.

— Qui? bon Dieu! s'écria Gustave en rougissant et en espérant cacher sa rougeur sous son exclamation.

— Qui? Une autre femme.

— Et maintenant tu es rassurée? demanda Gustave en prenant Nichette sur ses genoux.

— Complétement, puisque te voilà, quoique...

— Quoique? répéta Gustave avec une intonation qui réclamait la fin de la phrase.

— Quoique je craigne bien qu'il n'y ait autre chose qu'Edmond qui te rappelle là-bas.

— Serais-je venu, s'il en était ainsi?

— Tout de même. Tu te serais dit : Cette pauvre fille est malheureuse à

Paris, allons la voir un peu... Peut-être pendant que l'autre est forcée de s'absenter aussi... Cela se pourrait bien.

On ne saurait nier les secrets pressentiments de la femme, qui lui font souvent, sans la moindre indication, entrevoir une partie de la vérité, pressentiments que l'on s'explique facilement quand la vérité est probable.

— Tu es folle, dit Gustave qui aimait autant trancher cette conversation d'un seul coup.

— Alors déjeunons, répliqua Nichette en allant chercher une chaise pour elle et en l'approchant d'une petite table toute servie qui attendait l'arrivée de Gustave; car la jeune fille avait prévu qu'il arriverait tombant de fatigue et de faim.

— En tout cas, ajouta Nichette en s'asseyant à côté de son convive aimé, si elle t'aime, elle ne t'aime pas autant que moi!

Cette dernière phrase s'éteignit sous les lèvres de Gustave, qui, réintégré dans des habitudes de deux ans, ne voyait pas encore reparaître le souvenir de Laurence, d'autant plus qu'il trouvait un réel plaisir à reprendre ces habitudes, au moins pendant quelque temps. Puis Nichette était charmante en réalité. Pour recevoir son amant, elle avait mis en œuvre toutes les ressources de sa spirituelle coquetterie; nous disons spirituelle, parce que la coquetterie a des nuances variées, et qu'il y a de l'esprit à l'utiliser dans certaines circonstances, sans que celui qui en est l'objet puisse s'en apercevoir. Ainsi, Nichette, dans son bonnet, dans sa coiffure, dans la façon de sa robe, avait quelque chose de nouveau qui en même temps rappelait le passé et qui séduisait Gustave. Bref, c'était Nichette avec quelque chose de plus.

Ce quelque chose était peut-être les deux mois que Gustave avait passés sans la voir, charme inexprimable pour l'homme qui revient.

Pendant le déjeuner, Gustave raconta à sa maîtresse tout ce qu'il n'avait pu lui écrire et même tout ce qu'il lui avait écrit. Il lui détailla l'emploi de ses journées, en ayant bien soin d'oublier les moments consacrés à Laurence et les parties de cheval faites avec elle et son père.

Nichette, de son côté, raconta comment la vie s'était passée pour elle. Cela était bien simple.... Elle avait d'abord beaucoup pleuré, elle était restée quinze jours sans sortir, puis elle avait rencontré une de ses amies qu'elle n'avait pas vue depuis longtemps, qu'elle avait connue dans le magasin où elle avait travaillé, qui venait de faire un petit héritage et qui allait s'établir à Tours.

En attendant que cette amie partît, Nichette en avait fait sa société. Toutes deux étaient allées de temps en temps au spectacle, ensemble, se quittant le moins possible, jusqu'au moment où mademoiselle Charlotte Toussaint avait été forcée de quitter Paris, c'est-à-dire huit ou dix jours avant l'arrivée de Gustave, ce qu'elle n'avait fait qu'après avoir en vain prié Nichette de s'associer à elle, lui assurant qu'elle ferait fortune.

— Maintenant, dit Nichette à Gustave, quand il eut fini de déjeuner, tu as passé quatre nuits en voiture, tu dois avoir besoin de sommeil, il faut dormir.

— Aussi vais-je rentrer chez moi, dit Gustave.

— Non, répliqua Nichette, tu vas te jeter sur mon lit, tu vas dormir, et moi je travaillerai ou je lirai pendant ce temps-là.

Gustave obéit à Nichette ; il se jeta sur son lit..... et une heure après il dormait comme dort un homme qui vient de faire deux cents lieues.

Nichette rarrangea ses cheveux devant la glace et s'assit au coin du feu comme pour lire ; mais elle regardait bien plus souvent celui qui dormait que le livre qui était ouvert sur ses genoux.

Quand Gustave se réveilla, à sept heures du soir, Nichette, le visage à demi éclairé par la lampe couverte de son abat-jour, travaillait auprès de la table, et ses petits pieds posés sur un tabouret rapproché du feu.

Gustave resta en contemplation pendant quelques minutes. devant ce charmant tableau, auquel un peintre n'eût rien pu ajouter.

« Voilà mon passé, se dit-il; faut-il que j'en fasse mon avenir? Cette enfant m'aime; au premier mouvement que je vais faire, tout son être va se tendre vers moi; elle va venir m'embrasser et me jeter ses bras autour du cou. Mais où cela nous mènera-t-il, elle et moi? Elle vieillira, moi aussi je vieillirai; nos goûts changeront. Nous suffirons-nous aux heures où nous chercherons autour de nous une famille que nous n'avons ni l'un ni l'autre? Nous aimerons-nous encore? On peut voir vieillir sa femme, on a peine à voir vieillir sa maîtresse : les sentiments qui vous unissent à celle-ci sont si différents de ceux qui vous unissent à celle-là. »

Voilà ce que pensait Gustave, et huit jours après son arrivée il commençait à être convaincu qu'il repartirait et presqu'à regretter d'avoir promis à Nichette de rester trois semaines avec elle.

Nos lecteurs vont bien comprendre tout de suite pourquoi, et ils n'accuseront pas Gustave d'ingratitude, ils ne pourront s'en prendre qu'aux éternels besoins de notre nature humaine.

Nichette était charmante, Gustave s'était senti ému en la voyant ; mais une fois les premiers transports passés, c'était toujours la même chose. C'était la femme qu'on a aimée pour sa beauté, qui vous a inspiré une fantaisie, qui s'est livrée sans efforts, que l'on a gardée parce qu'on a trouvé en elle des qualités que l'on ne soupçonnait pas devoir y être, qui a distrait votre esprit, flatté votre amour-propre, intéressé même votre cœur, que l'on ne songera pas à quitter tant qu'on ne verra pas d'autres femmes ou qu'on ne verra que des femmes inférieures à elle ; mais mise en parallèle avec une vierge innocente et naïve qui ne se donnera pas à celui qu'elle aimera si celui-là ne lui donne pas son nom, qui a grandi dans le respect des saintes choses et sous la protection de la famille, qui a été élevée dans les devoirs et les préceptes de la religion, qui aura, en outre, pour elle les promesses et le charme de la chose inconnue, et cet irrésistible attrait de la virginité de l'âme et du corps, la première femme devra céder le pas à la seconde, car le cœur de l'homme n'hésitera pas entre les deux le jour où, comme Gustave, après avoir vécu deux ans avec l'une, il pourra avoir l'espérance de vivre éternellement avec l'autre.

Cela est triste pour la pauvre femme qu'on laisse, mais l'usage est là qui consacre cette volonté du cœur à laquelle la plupart des hommes se soumettent en avançant dans la vie, et l'usage a prouvé en même temps que ces pauvres abandonnées finissaient par se résigner, par se consoler et souvent par dire un jour: Il vaut mieux que cela soit ainsi.

Cependant l'amour d'une maîtresse a par moment certaines réalités qui la font plus forte que toute autre, surtout, quand, comme Nichette, la maîresse est jeune, belle et pleine d'expansions physiques. Malheureusement à ces réalités succède une fatigue de corps dont le cœur profite pour rouvrir sa porte à cet autre amour qui n'est encore qu'à l'état de rêve et de promesses. Placé entre les deux, l'homme donne alors la préférence à celui-ci, car il n'a plus rien à demander au premier et a tout à espérer du second.

A qui n'est-il pas arrivé de tenir une femme dans ses bras et de penser à une autre. Le cœur est même en cela si exigeant qu'il en devient égoïste et déloyal. Il y avait des moments, moments indescriptibles où Gustave, lorsque Nichette se livrait avec lui à toutes les expansions de son âme, essayait de se convaincre que ce corps charmant qui tressaillait sous ses baisers était celui de Laurence, et la pauvre Nichette se disait dans sa confiance ignorante : il me semble que Gustave ne m'a jamais tant aimée que maintenant.

Si elle avait su à quoi elle devait l'énergie de ces embrassements, la pauvre enfant eût bien pleuré.

Cependant, plus le moment approchait où Gustave allait pour toujours quitter Nichette, plus ses souvenirs de jeune homme révelaient leurs doux sourires pour lui dire : Reste avec nous.

Une fois, il vint chez la modiste pendant qu'elle était sortie. Il prit la clef et monta, et, en attendant, il passa en revue tous les objets qui composaient le petit appartement de sa maîtresse. Il revit ainsi tous ceux qu'il lui avait donnés, et se rappela les circonstances où il lui avait fait ces cadeaux.

« La pauvre enfant, disait-il en examinant les statuettes et les petits tableaux dont il avait orné sa chambre, comme elle prend soin de tout ce qui lui vient de moi... Voici ses petits bijoux, les seuls qu'elle ait voulu accepter; elle ne les porte que pour sortir avec moi. Voici mon portrait qu'elle a caché dans le fond de son lit, derrière les rideaux, pour ne pas me compromettre aux yeux des gens qui peuvent venir chez elle. Bonne Nichette ! Un jour elle regardera en pleurant tous ces objets auxquels elle sourit maintenant, et qui lui rappelleront l'homme qui l'aura délaissée et qui en aimera une autre. Ils la feront plus seule encore, car, par leur vue, ils lui interdiront presque la consolation de demander à un autre homme ce qu'elle n'aura pas trouvé en moi. »

Et, quand il pensait ainsi, Gustave eût peut-être voulu trouver dans son cœur une raison assez forte pour le retenir; mais toujours les promesses de bonheur que lui faisait l'avenir, dans le seul nom de Laurence, le reportaient à partir, ce qui ne l'empêchait pas de donner des larmes à Nichette, comme une mère qui aurait eu deux enfants, et qui en aurait perdu un, donnerait des larmes à la mort de celui-ci, et sourirait en même temps au baiser de celui-là, qui finira peut-être par la consoler.

Gustave était donc là, au milieu de la chambre de Nichette, et les yeux humides, quand la jeune fille entra sans qu'il l'entendît, et vint sur la pointe du pied poser sa tête gracieuse sur l'épaule de son amant. Il se retourna vivement, et trouva un sourire et un baiser sur les lèvres de la modiste.

— Qu'as-tu? lui dit-elle; car il n'avait pu lui cacher son émotion.

— Je n'ai rien, ma bonne Nichette, répondit Gustave en la prenant dans ses bras; je suis seulement un peu triste en songeant que je vais te quitter.

— Tu repars donc, décidément?

— Oui.

— Tu as reçu des nouvelles de Nice?

— J'ai reçu une lettre ce matin.

— Edmond va plus mal?

— Non, mais il ne va pas mieux; et le pauvre garçon tient à m'avoir près de lui : il ne faut rien refuser aux malades.

— Gustave?... fit Nichette d'un ton suppliant.

— Que veux-tu?

— Si tu m'aimais bien, tu ferais une chose.

— Dis.

— Mais tu ne voudras pas.

— Dis toujours, et, si cela est possible, je le ferai.

— Oh! cela est plus que possible, c'est facile.

— Parle, alors.

— Emmène-moi.

— Quand tu m'as écrit pour me demander cela, ma chère enfant, je t'ai donné toutes les raisons qui m'empêchaient de te faire venir.

— Ainsi, tu ne veux pas?

— Non, répondit doucement Gustave.

— Je n'aurais pas demeuré avec toi, reprit-elle, comme si cette raison aurait dû influencer son amant, qui ne répondit rien. Alors elle continua, croyant avoir gagné du terrain :

« Je louerais un petit appartement à Nice ; personne ne saurait qui je suis ni ce que j'y suis. Madame de Péreux, Edmond lui-même l'ignoreraient. Tu viendrais me voir de temps en temps, aux heures où il n'y a personne dans les rues, le soir, et je serais bien heureuse; car Paris est bien triste pour moi quand tu n'y es pas.

— Je reviendrai bientôt, ma petite Nichette, répliqua Gustave, et nous ne nous quitterons plus.

— Comme tu voudras. Tu es le maître, fit la jeune fille en essuyant ses yeux. Quand pars-tu?

— Dans cinq ou six jours.

— Veux-tu que je t'accompagne jusqu'à Châlons, je serai plus longtemps avec toi?

— Eh bien! tu m'accompagneras jusque-là, répondit Daumont, heureux de pouvoir accorder quelque chose à la pauvre fille.

— Oh! que tu es bon!... dit-elle en lui jetant ses bras autour du cou, et elle sauta de joie.

Gustave était pour Nichette, depuis qu'il était de retour, ce qu'un père est pour son enfant qu'il va remettre au collége, et qui va s'y ennuyer. Il lui donnait tous les plaisirs qu'il pouvait lui donner, en se disant : Au moins, elle se sera un peu amusée.

Sur ces entrefaites, il reçut une lettre d'Edmond; car, comme on le pense bien, la lettre que Gustave avait dit avoir reçue de Nice n'était qu'un prétexte. Personne ne lui avait écrit.

Voici ce que notre malade écrivait :

« Je suis encore bien faible, cher

ami, mais je veux trouver la force de t'écrire quelques lignes. D'abord, pour en finir tout de suite avec moi, je vais un peu mieux, et ce mieux promet d'aller en augmentant,

« Ma mère m'a parlé de la conversation que tu as eue avec elle, et m'a fait connaître la véritable cause de ton départ. J'ai pensé tout de suite à notre pauvre Nichette, si bonne, si dévouée et à qui nous avons dû quelquefois de si bonnes journées. Puis j'ai réfléchi, et comme le moment approche où tu dois revenir, si tu reviens, j'ai voulu te donner un conseil. Tu sais que j'aime Nichette de tout mon cœur, mais tu sais aussi que je t'aime davantage, et cela est bien naturel. Je n'hésiterai donc pas à te donner le conseil qui, à mon avis, pourra te rendre heu-

reux, quand même ce conseil devrait
lui causer une peine... Ton bonheur
avant tout... Eh bien, je crois, mon
cher Gustave, que ton bonheur est entre les mains de mademoiselle de Mortonne. C'est à toi que je dois Antonine,
ce ne sera pas à moi que tu devras
Laurence, mais au moins j'aurai fait
mon devoir en combattant tes hésitations, si tu en as encore. Elle t'aime,
d'abord, et beaucoup, car j'ai parlé
souvent de toi avec elle, et l'intérêt
qu'elle te porte perçait à travers ses
paroles... Le bonheur est donc là,
parce qu'il y a amour... Son père et
sa mère sont excellents et remplaceront les parents que tu as perdus. Le
bonheur est donc là puisqu'il y a famille... Laurence est un ange d'innocence et de beauté, c'est une âme

toute neuve à façonner, c'est un paradis vierge à conquérir. Le bonheur est donc là, puisqu'il y a religion, innocence, avenir.

« Épouse mademoiselle de Mortonne.

« Mais fais pour Nichette tout ce que tu dois faire. A ta place, je ne lui cacherais rien. Je lui dirais tout moi-même, au lieu de lui écrire comme tu as sans doute l'intention de le faire. Elle a du bon sens; elle sait bien, dans le fond de son cœur, que votre liaison ne peut être éternelle, et je crois qu'elle te saura gré de la confiance que tu auras eue en son amour, si tu raisonnes la position avec elle. Assure-lui son avenir, cela je n'ai pas besoin de te le recommander, mais assure-le-lui de façon que cet avenir lui-même soit une distraction pour elle. Achète-lui un petit magasin, dépose-lui, outre cela, chez un notaire, une somme qui sera toujours à sa disposition, si sa petite entreprise ne réussit pas. Tu sais qu'un malade a le droit de parler comme un vieillard; j'ai donc à peu près fait confidence de tout cela à Laurence, qui s'étonnait d'une absence si longue. En effet, pour prendre des papiers, il ne faut pas un mois, et il y a bien près d'un mois que tu es parti. Je lui ai dit que tu prolongeais sans doute ton séjour à Paris pour arranger tout cela comme je viens de te le dire. Elle m'a répondu que tu avais raison d'agir ainsi, et que c'était le fait d'un noble cœur et d'un honnête homme. Tu comprends bien que je ne lui ai fait cette confidence que parce que j'étais sûr de la réponse de mademoiselle de Mortonne. Mais hâte-toi de revenir, car si elle admet que tu restes à Paris pour assurer l'avenir de Nichette, elle n'admettrait pas que tu y restasses par amour pour notre pauvre amie, ce qu'elle pourrait bien finir par supposer, si tu ne nous reviens pas promptement. On ne saurait croire combien les jeunes filles comprennent facilement certaines délicatesses de cœur qu'elles n'acceptent souvent plus quand elles sont mariées. »

Cette lettre fit tomber les dernières indécisions de Gustave, mais il ne put se résoudre à faire à Nichette l'aveu de son mariage. Il voulut reculer autant que possible ce moment, et cela par affection pour la modiste et pour ne pas empoisonner la joie qu'elle se promettait à l'accompagner.

« Non, se dit-il, je veux qu'elle n'apprenne cela que lorsque je serai loin. Je ne veux pas qu'en se rappelant le temps qu'elle aura passé avec moi elle y retrouve une douleur pour elle. Je veux qu'elle me sache gré de la crainte que j'aurai eue de lui faire de la peine, et qu'elle voie là-dedans une dernière preuve d'amour. Il est toujours temps d'annoncer une mauvaise nouvelle, puis, qui sait si ses larmes ne me retiendraient pas?... et, Edmond a raison, mon bonheur est décidément là-bas, car je sens que mon cœur y est déjà. »

Il y a des choses qu'on ne peut malheureusement pas dire à une femme que l'on quitte pour une autre, parce que la passion n'admet pas de terme moyen, et cependant il arrive un jour où le plus souvent ces choses se réalisent ; c'est lorsque le temps a changé les impressions et que ceux qui se sont aimés peuvent passer à côté l'un de l'autre sans éveiller dans leur cœur autre chose que le souvenir, cette cendre chaude des sensations éteintes. Si lorsque, après avoir longtemps questionné son âme, on s'aperçoit définitivement qu'on n'a plus d'amour pour la femme qui vous en avait inspiré, et que l'on en éprouve pour une autre, si l'on pouvait franchement faire l'aveu de ce qu'on ressent à celle que l'on va quitter; si l'on pouvait la faire arriver immédiatement à la température d'affection où l'on est vis-à-vis d'elle, et changer en amitié loyale et dévouée l'amour qu'elle éprouve encore, le cœur humain aurait fait un grand pas. Malheureusement cela ne peut avoir lieu qu'avec des esprits d'élite, auxquels l'amour-propre dans le premier moment et la raison ensuite donnent la force de cacher leur douleur et de souffler sur le passé.

Ceci était impossible avec Nichette, qui eût éclaté en sanglots et qui se fût traînée aux genoux de Gustave.

Il fallait en finir cependant.

Gustave écrivit à madame de Péreux que le lendemain du jour où elle recevrait sa lettre, il serait auprès d'elle. C'était, comme on se le rappelle lui écrire : Je demande la main de mademoiselle de Mortonne.

Le soir même il partit avec Nichette pour Châlons.

La modiste était dans l'enchantement. Elle n'avait jamais voyagé. Tout l'amusait. La pauvre petite ne se doutait pas du but de ce voyage qu'elle commençait si gaîment.

Elle arriva à Châlons avec Gustave, à six heures du matin.

Le bateau à vapeur partait à midi pour Lyon.

Nichette, qui tout le long de la route avait fait répéter à Gustave que cette séparation ne serait pas de longue durée, fut assez gaie jusqu'au moment où l'on porta les bagages sur le bateau, où elle resta tout le temps que pouvaient rester ceux qui accompagnaient les voyageurs.

Enfin on donna le signal du départ.

Nichette regagna le bord, après avoir embrassé Gustave, qui resta sur le pont pour la voir plus longtemps. Le bateau s'éloigna. Nichette, qui ne voulait pas attrister son amant, lui cria en souriant :

— A bientôt ! n'est-ce pas ?

Gustave répondit par un signe de tête, car il sentait que s'il ouvrait la bouche, les larmes couvriraient sa voix.

Tant qu'elle put être vue, la jeune fille agita son mouchoir, puis elle continua à voir le bateau ; mais Gustave ne la voyait déjà plus, elle se confondait pour lui avec les autres gens et les autres objets qui étaient sur la rive.

« Voyons, se dit Nichette en essuyant des larmes involontaires, il reviendra bientôt; et elle prit la résolution de ne plus pleurer.

La rivière tournait, le bateau disparut.

X

PAUVRE NICHETTE.

Celui qui écrit ce livre n'a pas d'autre but, en l'écrivant, que de peindre et peut-être d'excuser les transformations morales que l'âge et la société apportent chez l'homme, et qui détruisent presque toujours quelques-unes de ses théories premières et des espérances qu'il avait fait concevoir sur lui. Gustave était dans une de ces transfigurations naturelles. Lui qui avait cru que la vie pouvait se continuer comme il l'avait commencée, il avait fini par ressentir l'influence des différentes sensations qui attendent le cœur aux relais de la vie, et qui l'emportent vers des horizons nouveaux. La vue du bonheur d'Edmond avait ouvert son âme à de nouvelles idées. Tout en se disant : Edmond mourra peut-être jeune, il avait été forcé de s'avouer qu'avant de mourir, son ami aurait goûté des joies que lui il ignorait encore, et qu'il pressentait être les plus douces de ce monde, parce qu'elles en sont les plus chastes. C'était pendant le temps qu'il avait passé à Paris, qu'Edmond était parti pour Nice, qu'il avait ainsi pensé, et les détails que le mari d'Antonine lui donnait de son bonheur dans les lettres qu'il lui écrivait, n'avaient fait que l'enhardir dans des désirs vagues encore, mais auxquels le hasard devait bientôt donner un but. Laurence s'était trouvée là providentiellement, et Gustave avait vu en elle un avenir nouveau pour lui.

Quelquefois, les transformations que l'homme subit n'ont pas un aussi heureux résultat pour tous que pour Gustave. Cela dépend de la façon dont on a vécu ses premières années dans le monde. C'est pour cela qu'on voit des débauchés devenir d'excellents maris et de bons pères de famille, et, d'un autre côté, des hommes dont les principes et les croyances semblaient une garantie, changer brusquement, et donner leur cœur en pâture aux vices et aux passions de toutes sortes.

Nous avons essayé de faire comprendre, non pas les hésitations, mais les délicatesses de Gustave ; car son cœur n'hésitait plus entre Nichette et Laurence. Seulement il se demandait s'il avait bien le droit de faire ce qu'il faisait. Parfois, le mauvais côté de sa nature (car tout homme a en lui un mauvais instinct qui reparaît dans les grandes occasions de la vie, dont il peut triompher à la longue, mais qui, appuyé sur le matérialisme du fait, conserve longtemps encore son autorité), le mauvais côté de sa nature, disons-nous, lui soufflait bien de temps en temps à l'oreille, qu'après tout, il n'y avait pas à se gêner avec Nichette ; que d'autres, avant lui, n'avaient pas mis tant de précautions à la quitter; qu'elle était une de ces filles toujours trop heureuses de ce que l'on fait pour elles, et, qu'en lui assurant une position, il faisait plus encore qu'il ne devait faire. Gustave chassait bien ces raisonnements, dont il avait honte lui-même; mais ils revenaient incessamment. Ils étaient pour lui ce qu'est un faux poids qu'on a toujours sous la main : on finit par comprendre de quelle ressource il peut être, et, un jour, on est tout étonné de l'avoir mis dans une balance et d'en avoir profité. Si généreux que l'on soit, on a bien de la peine à faire oublier à son cœur tout ce qu'il a intérêt à se rappeler.

Cependant il devait tant de moments de joie réelle à Nichette, que

Gustave eût été un ingrat s'il n'eût pas au moins cherché autour de lui des excuses au chagrin qu'il allait lui faire. Il prenait plaisir alors à se souvenir de ses amis qui s'étaient trouvés, ou à peu près, dans la même position que lui et de ce qu'ils avaient fait. Il trouvait toujours, et cela l'enhardissait de plus en plus, qu'ils n'avaient pas fait les choses aussi bien qu'il allait les faire, et que cependant on ne disait rien d'eux.

Ce fut à tout cela qu'il songea de Châlons à Nice, et lorsqu'il arriva devant la maison d'Edmond, où il comptait bien trouver Laurence, son cœur battait, d'espérance bien entendu, car les regrets avaient déjà congé.

Il trouva tout le monde réuni dans le salon, comme la veille de son départ. Il fut accueilli comme il l'était toujours.

Il se jeta dans les bras d'Edmond qui commençait à marcher. Il baisa la main d'Antonine et serra la main de madame de Péreux. Mademoiselle de Mortonne rougit et baissa les yeux en le voyant entrer. Le commandant, sa femme et M. Devaux lui souriaient.

— Allons, mon cher monsieur Gustave, fit M. de Mortonne en poussant le jeune homme vers Laurence, embrassez votre femme.

Laurence tendit son front à Gustave qui pressa ses mains.

— Vous ne pensez plus à Paris? lui dit-elle tout bas.

— Pouvez-vous le demander?

— Vous le jurez?

— Je le jure.

— Et vous êtes heureux?

— Si heureux que je ne trouve pas de mots pour le dire.

— Dis donc, madame de Mortonne, dit le commandant avec un soupir, voilà comme ton père nous a jetés dans les bras l'un de l'autre, il y a vingt-deux ans.

— Puissent-ils en dire autant dans vingt-deux ans!... répondit madame de Mortonne en regardant les deux fiancés avec attendrissement.

— Je suis contente de vous, Gustave, fit madame de Péreux en reprenant la main de Daumont.

— Tu as bien fait..., lui dit Edmond tout bas.

Chose étrange! Gustave eut, au milieu de sa joie, comme un serrement de cœur en voyant que, ni madame de

Péreux ni Edmond n'avaient l'air de se souvenir de Nichette qui, à l'heure où cette scène se passait, écrivait à Gustave combien elle s'ennuyait depuis son départ, et combien elle avait déjà hâte qu'il revînt.

Pauvre Nichette!...

— Vous voyez, mon cher Gustave, reprit madame de Péreux, je vous ai tenu parole.

— Et quand se fera le mariage? demanda Laurence qui se jeta dans les bras de sa mère en disant cela.

— Quand Edmond, mon témoin, pourra sortir pour venir à l'église.

— Dans huit jours alors, fit M. Devaux, et il faut que ce soit pour cela, car il a deux mois encore à ne pas quitter cette maison.

— Espérez-vous? dit tout bas Gustave au docteur.

— Tout va bien, répondit celui-ci.

— Maintenant, Gustave, allez reposer un peu, dit madame de Péreux à Daumont. Doux est le sommeil qui succède à la joie.

Quelques instants après, Gustave montait dans sa chambre, en se disant, comme pour couper court aux derniers souvenirs qui traversaient son esprit :

« Maintenant il n'y a plus à y revenir. Tout est fini. »

Il se coucha et s'endormit comme il avait fait chez Nichette, en revenant à Paris.

O nature humaine!

Quand il se réveilla, il faisait grand jour. Il entr'ouvrit le rideau de sa fenêtre et vit Laurence qui se promenait avec Antonine dans le petit jardin de la maison.

La jeune fille faisait sans doute des confidences à la jeune femme. Il resta un quart d'heure environ à les regarder, sans qu'elles pussent le voir.

« Comme elle est belle !... » se dit-il, et un tressaillement d'amour parcourut tout son être.

En ouvrant son sac de nuit pour en tirer ses effets, Gustave retrouva le reste des provisions dont la prévoyante Nichette avait fait emplette pour lui et qu'elle l'avait forcé de prendre. La vue de ces oranges et de ces biscuits brisés l'arrêta pendant quelques instants.

En ce moment quatre heures sonnaient.

Gustave passa la main sur son front.

« J'ai encore deux heures devant moi, pensa-t-il. J'ai le temps d'écrire à Nichette, terminons-en aujourd'hui. »

Il se mit à sa table et il écrivit, après avoir cherché comment il commencerait cette lettre difficile.

« Ma bonne Nichette, j'étais allé à Paris pour te dire une chose que je n'ai pas eu le courage de t'avouer en te voyant si heureuse, et je demande à la distance qui nous sépare la force dont j'ai besoin. Nous ne devons plus nous revoir, ma chère enfant. La vie a des exigences que tu comprendras. Pour moi, pour toi-même, il fallait tôt ou tard une rupture entre nous. Peut-être ton excellent cœur avait-il espéré une éternité qui n'est malheureusement pas dans les réalités humaines.

« J'aurais pu te tromper, ma chère Nichette, et te dire que je quittais la France; mais j'aime mieux être franc avec toi, car ton cœur est digne de cette franchise... Je me marie!... Cela devait arriver un jour. Il me faut une famille, et qui sait s'il ne vaut pas mieux que nous nous quittions maintenant que d'attendre une époque où nous nous serions quittés sans regrets... Tu te rappelles que souvent tu m'as parlé de mon mariage probable, et tu me disais alors que tu te résignerais à cette nécessité de ma position. Me pardonneras-tu d'avoir donné raison à tes pressentiments? »

Gustave trouvait difficilement les mots nécessaires pour excuser sa conduite, car il comprenait que, quoi qu'il pût dire, il aurait tort aux yeux de la pauvre fille qui allait recevoir cette lettre. Aussi passa-t-il brusquement de la dernière ligne que l'on vient de lire aux précautions qu'il avait prises pour assurer l'avenir de Nichette ; puis, il lui semblait qu'en ayant l'air de ne pas donner beaucoup d'importance à cette séparation, la modiste l'envisagerait moins douloureusement. Il continua donc :

« Mais je veux que tu sois heureuse, et j'ai fait mes dispositions pour cela. Tu es jeune, tu es jolie, tu as tout l'avenir devant toi. Tu trouveras sans aucun doute un honnête homme qui reconnaîtra les qualités de ton cœur et qui ne te demandera pas la confidence du passé. Pour cela, il faut que tu aies une position indépendante, et voici ce que j'ai fait. J'ai donné ordre à mon notaire de te porter une inscription de rentes de deux mille cinq francs, qui te mettront toujours à l'abri du besoin, et une somme de dix mille francs que je te conseille d'employer à t'associer avec ton amie, mademoiselle Charlotte Toussaint. Si, malgré mes prévisions, ce que je fais pour toi était insuffisant un jour, je ne veux pas que tu t'adresses à un autre que moi. Dans le premier moment de cette nouvelle, je sais, ma bonne Nichette, que tu auras un grand chagrin, parce que tu m'aimes réellement; mais je suis convaincu qu'il peut encore y avoir des jours heureux pour toi, si tu veux avoir un peu de courage.

« Tu m'écriras une ligne, n'est-ce pas? pour me dire que tu me pardonnes et que tu veux bien accepter ce que je t'offre en souvenir de notre bonne affection. Peut-être un jour serai-je malheureux; si cela arrivait, ce serait à toi que j'irais demander ma première consolation.

« Adieu, chère enfant, je t'embrasse avec toute la tendresse d'un ami éternellement dévoué, qui t'aime et qui t'estime comme un noble cœur que tu es.

« GUSTAVE DAUMONT. »

Gustave avait senti plusieurs fois les larmes lui venir aux yeux en écrivant cette lettre, mais il n'avait pas voulu y mettre tout ce que son émotion lui eût dicté. On comprend aisément pourquoi. Il fallait que cette lettre eût un côté de gravité, de froideur même qui portât un coup violent et qui pût donner tout de suite du courage à celle à qui elle était adressée.

Gustave écrivit en même temps à son notaire pour lui rappeler qu'au reçu de sa première lettre de Nice, il devait se rendre chez Nichette et lui porter les inscriptions et la somme convenues. Il ne voulait pas que Nichette eût à se déranger pour recevoir ce don. Elle l'eût refusé, s'il lui eût fallu aller le chercher comme une aumône.

Trois jours après qu'il avait mis cette lettre à la poste, Gustave reçut celle que Nichette lui avait écrite le jour où il était arrivé à Nice. La pauvre petite était bien loin de se douter, en l'écrivant, qu'avant d'avoir reçu une réponse, tout serait rompu entre elle et son amant. Cette lettre était pleine de projets et d'espérances!.....

Les préparatifs du mariage se faisaient. Les bans étaient publiés. Le jour où la cérémonie devait avoir lieu, Gustave reçut la réponse de Nichette. Un moment il eut envie de ne pas la décacheter, et d'en remettre la lecture à quelques jours; mais il ne put résister au désir de savoir ce qu'elle contenait, et il l'ouvrit.

Elle était bien simple. Voici ce qu'elle disait :

« Je n'ai pas voulu vous répondre, Gustave, sous la première impression que m'a causée votre lettre. D'abord, je croyais être devenue folle, et je craignais de mêler des reproches aux dernières paroles que vous me donniez le droit de vous adresser. Je regardais avec étonnement toutes les choses qui m'entouraient, au milieu desquelles vous étiez quelques jours auparavant, et qui semblaient donner un démenti à votre lettre. Mais votre lettre était bien réelle. J'ai beaucoup pleuré, Gustave... aujourd'hui je suis un peu plus calme, et j'en profite pour vous écrire.

« Je ne vous fais donc pas de reproche; d'ailleurs je n'ai pas à vous en faire. Je ne vous ennuierai pas de mes regrets, ce serait inutile. Ce que vous faites, j'avais souvent pensé que vous le feriez, seulement je ne croyais pas que cela aurait lieu si tôt.

« Je vous aimais bien.

« Soyez heureux, ami, c'est le souhait le plus ardent de mon cœur, et il ne se passera pas de jour que je ne prie Dieu pour vous.

« Vos désirs seront exécutés. J'irai à Tours avec Charlotte. Vous avez raison, elle me distraira ; mais je souffrirai bien à quitter mon petit appartement où j'ai passé deux si bonnes années.

« Enfin, que votre volonté soit faite, Gustave, et que votre femme vous aime autant que je vous aimais, c'est tout ce que je demande au Ciel.

« Je vous envoie dans cette lettre quelques feuilles du dernier rosier que j'ai acheté et qui conservait la tradition de celui auquel j'ai dû de vous connaître. C'est un dernier souvenir.

« Peut-être serai-je heureuse encore. En tout cas, n'ayez pas de regret de ce que vous avez fait.

« Votre notaire sort de chez moi. Merci.

« Adieu, Gustave, je vous serre la main comme à un bon ami.

« Nichette. »

« Comme elle a dû souffrir avant d'écrire cette simple lettre, murmura Gustave. »

En effet, Nichette avait bien souffert.

Gustave, lui-même, n'était pas maître de son émotion. Il voulut d'abord déchirer la lettre qu'il venait de recevoir, dans la crainte qu'elle ne fût trouvée; mais, par une superstition bien naturelle, il la garda, et, après les avoir portées à ses lèvres, il mit dans le livre de messe de sa femme les feuilles de rose de Nichette.

Deux heures après, mademoiselle de Mortonne s'appelait madame Daumont.

A peu près à la même heure, une femme voilée et les yeux rouges de larmes montait, à Paris, dans la diligence de Tours.

Cette femme, c'était Nichette.

XI

GUÉRISON.

—

Allons-nous suivre la voiture qui emmène Nichette? allons-nous suivre la noce qui sort de la petite église de Nice ?

Faisons comme les égoïstes et les flatteurs, suivons les gens heureux.

Gustave l'était, et tout le monde l'était autour de lui.

Les brises froides étaient tombées, et le soleil précoce du midi faisait éclore les premières feuilles. Pour tous, c'était le printemps; pour Edmond, c'était la santé.

Tout le monde, à Nice, avait eu connaissance de la maladie d'Edmond, tout le monde fit accueil à sa convalescence. On félicitait la mère, on félicitait M. Devaux, et rien n'était touchant à voir comme ce jeune homme, pâle et faible encore, souriant à la vie, qui revenait et s'appuyant sur sa jeune femme, rayonnante de beauté et de dévouement.

Le mariage de Gustave fut comme un second mariage pour Edmond. Il lui rappelait le sien d'abord, et, devant le prêtre qui bénissait les fiançailles de Daumont, Edmond prit un nouvel engagement vis-à-vis d'Antonine.

Gustave auprès de Laurence, madame de Péreux auprès de M. Devaux, priaient Dieu avec toute la ferveur des cœurs reconnaissants. De douces larmes baptisèrent cette pieuse journée.

— A moins que ton mari ne recommence une imprudence pareille à celle qu'il a commise il y a deux mois, avait dit le docteur à sa fille, il n'y a rien à craindre pour lui. Il est sauvé.

Edmond entrait donc dans une nouvelle vie désormais sans tristesse, puisqu'elle devait être sans inquiétude.

Aussi son cœur s'ouvrait-il à tout; dans le chemin qu'il parcourut de sa maison à l'église et de l'église à sa maison, rien ne lui fut indifférent. L'existence et la force que Dieu rendait à la nature se réflétaient en lui. Il avait le printemps dans le cœur. Aux fleurs nouvellement écloses, faibles encore sur leur première tige, se tournant vers leur premier soleil, aux feuilles qui s'entr'ouvraient à la chaleur du jour et qui attendaient du lendemain une séve nouvelle, à la douce chaleur d'un air attiédi par le retour du printemps, à toutes les promesses annuelles de la terre, Edmond donnait son âme en comparaison.

Ces fleurs faibles encore et que chaque jour faisait plus grandes et plus parfumées, les feuilles qui n'étaient encore que bourgeons et qui bientôt etteraient l'ombre autour d'elles, cette tiède respiration d'un monde qui sort de l'hiver, tout cela, c'était lui, c'était l'image du bonheur que Dieu lui faisait et des douces espérances qu'il lui permettait de reprendre.

Un regard d'Antonine résumait toutes ces merveilles printanières, et Edmond sentait l'amour, cette vie de l'âme, rentrer en lui avec la santé, cette vie du corps.

Son sang circulait sans effort dans ses veines. Il respirait librement. Il regardait avec plaisir tout ce qui l'environnait. Il semblait dire aux enfants qui couraient : Bientôt je pourrai faire comme vous!... Son bonheur était sans défiance, et marchait devant lui pour lui montrer le chemin. Il était le conquérant précédé des flûtes et des hautbois du triomphe. Tout chantait en lui et autour de lui.

Il entendait s'éveiller des voix inconnues jusqu'alors. Les dix mois qu'il avait vécu auprès de sa femme s'évanouissaient comme une minute devant les longues années que l'avenir lui promettait. L'amour qu'il avait eu pour elle lui semblait n'être rien à côté de celui qui l'animait. Il faisait auprès d'Antonine les rêves qu'on fait auprès d'une belle fiancée qui n'a encore rien dévoilé de ce qu'elle peut offrir à celui qu'elle aime.

Edmond était plus qu'amoureux. Il se sentait poëte. Ses impressions tombaient de son âme en strophes toutes rimées, et il avouait qu'il n'avait jamais été si joyeux.

Avoir cru sa vie bornée et l'avenir

renfermé en deux années, s'être dit à chaque jour qui passait : « Encore un pas certain vers la tombe; » avoir souffert à l'avance de ce qu'on souffrirait un jour, à l'idée de quitter la vie, la jeunesse, sa mère, une femme aimée et renaître tout à coup et recommencer à espérer; naufragé perdu, se réveiller tout à coup sur un rivage en fleurs, au milieu de tous les enchantements de la nature et de l'âme, n'était-ce pas, en effet, un bonheur au-dessus de toute expression, et ne pas l'avouer, n'eût-ce pas été ingrat et sacrilége?

La petite maison de la route de Nice laissait, elle aussi, déborder la joie qu'elle abritait. Les fenêtres s'ouvraient gaîment au soleil, et lui offraient des corbeilles de fleurs. Du chèvrefeuille courait le long de ses murs, et le voyageur qui passait ne pouvait s'empêcher de remarquer cette blanche maison aux persiennes vertes et d'où s'échappait presque toujours quelque chant, comme d'un nid d'oiseaux.

Jamais on n'avait vu tant de gens heureux sous le même toit. Les joies qu'Edmond n'avait encore qu'en souvenir et en espérances, Gustave les avait en réalité. Depuis qu'il avait épousé Laurence, il se demandait comment il avait pu vivre avant de la connaître. Cet amour, jeune, naïf, ardent dont il recevait la première expansion, au sein d'une nature jeune comme lui, pleine de rayons, de parfums et de chants, lui faisait comprendre des sentiments qui dormaient en lui et qu'un mot avait réveillés.

Tous les matins, Gustave montait à cheval avec sa femme, et, de leur fenêtre, Antonine, et Edmond qui ne pouvait encore les accompagner, les suivaient des yeux jusqu'à ce qu'ils les vissent disparaître dans le tourbillon de poussière que soulevaient leurs chevaux.

La lecture et la musique étaient ensuite les deux grandes occupations de la journée. Hugo, Lamartine et de Musset étaient les poëtes favoris; Schubert, Weber et Scudo étaient les compositeurs aimés.

Tantôt Laurence, de sa voix souple et vibrante, lisait une des mélancoliques rêveries de nos trois poëtes; tantôt Antonine, de sa voix douce et sympathique, chantait ou la *Sérénade* ou le *Fil de la Vierge,* cette simple mélodie, tendre comme un chant du cœur, sainte comme un chant d'église.

Chacune de ces choses jetait Edmond dans une extase indéfinissable. Elles correspondaient si bien à ce qu'il éprouvait; l'amour, la foi étaient si vraies en lui; la mélodie amoureuse ou sacrée trouvait si vite une sœur dans l'âme du jeune homme, qu'il croyait pouvoir vivre l'éternité dans ce tranquille emploi de ses jours.

Antonine et Laurence étaient unies par une étroite amitié. Elles étaient devenues les confidentes l'une de l'autre. Deux jeunes filles mariées récemment ont tant de choses à se dire, quand elles savent qu'elles peuvent tout se confier, quand leurs cœurs sont en sympathie, quand l'amour qu'elles ressentent est pur! Rien de plus charmant que leurs causeries du soir et que le naïf récit de leurs nouvelles impressions. Antonine avait raconté à Laurence comment elle avait connu Edmond, comment la maladie dont il était atteint l'avait remplie d'une douce pitié pour lui, comment elle avait cru voir, dans la rencontre qu'elle avait faite du jeune homme, un conseil de la Providence qui mettait dans ses mains l'avenir du malade et la responsabilité de son bonheur pendant les jours qu'il avait à vivre.

« C'est votre mari qui a fait tout cela, Laurence, disait Antonine; c'est lui qui m'a fait prendre subitement la résolution d'être à Edmond ou de n'être à personne. C'est à Gustave que je dois mon mariage... Pauvre Edmond! je ne savais encore si je l'aimais; un mot m'a éclairée; et, maintenant, je remercie Dieu de ce que j'ai fait. Comprenez-vous, lui qui ne devait vivre que deux ans, lui que j'avais épousé avec cette conviction fatale qu'il me laisserait bientôt veuve, voilà qu'il est sauvé, voilà que l'avenir des autres est à nous, voilà que de longues années nous sont promises, et que notre horizon se renouvelle ! Jeunes tous deux, riches, tous deux, nous aimant comme au premier jour, plus peut-être, avec des amis comme vous, avec un père comme le mien, une mère comme madame de Péreux, que pouvons-nous souhaiter et que pouvons-nous craindre ?

— Rien, en effet, dit Laurence.

— Aussi, nous ne nous quitterons pas, nous ne ferons qu'une même famille. Le voulez-vous? Nos maris s'aiment comme deux frères.

— Nous nous aimerons comme deux sœurs, interrompit madame Daumont en embrassant Antonine.

— Nous quitterons ce pays, continua celle-ci; M. et Mme de Mortonne aiment le changement. Nous voyagerons, rien ne nous retient; nous suivrons les hirondelles; nous serons heureux partout où l'on peut être quatre, s'aimer et se le dire.

Madame de Péreux se mêlait le plus souvent à ces conversations intimes, et la sainte mère, dont la vie était dans la vie de son fils, ne demandait qu'à ne pas le quitter, sachant qu'elle serait bien partout où il serait.

M. Devaux avait fait sur Edmond une admirable cure. Chaque jour la santé du malade devenait visible : ses joues se coloraient, toute fièvre avait disparu, le sommeil était sans agitation. L'esprit seul avait conservé une teinte un peu mélancolique, dernier reflet du mal qui s'effaçait.

Il y avait quatre mois que M. Devaux était arrivé à Nice, quand il dit un jour à Edmond :

— Allez, maintenant vous êtes guéri ; moi, je retourne auprès de mes autres malades que j'ai quittés pour vous.

Edmond et Antonine se regardèrent.

— Il n'y a plus rien à craindre? demanda la jeune femme.

— Rien, je te le répète.

— Edmond n'a pas plus à redouter l'air de Paris que l'air de Nice?

— Non.

— Eh bien! qui nous empêche de repartir avec toi?

— Cela me ferait bien plaisir, mes enfants.

—Rien ne nous retient ici.; ni nous, ni Gustave, ni sa femme, ne nous séparons pas de vous, fit Edmond en tenant la main du médecin, cela nous porterait peut-être malheur.

— Partons tous ensemble, alors!

— Oui, j'ai hâte de revoir notre petite chambre, dit Antonine en se jetant au cou de son mari; cette chambre où nous nous sommes tant aimés et où nous nous aimerons encore, n'est-ce pas?

Un baiser servit de réponse.

Il fut convenu que Gustave et Laurence demeureraient dans la même maison, si cela était possible; sinon, dans la même rue qu'Edmond et Antonine, et que l'on ne se quitterait pas plus à Paris qu'à Nice.

On fit aussitôt les préparatifs de départ, et, deux jours après qu'il avait été convenu, deux chaises de poste attendaient les deux familles à la porte de la petite maison.

Antonine ne put retenir quelques larmes en la quittant. Elle avait comme un pressentiment qu'elle abandonnait là une partie de son bonheur. Avons-nous besoin d'expliquer tous les souvenirs qu'elle y laissait et qui lui souriaient au moment de son départ!

Quant à Laurence, qui avait hérité

des goûts nomades de son père, elle ne regrettait jamais le pays qu'elle quittait.

— Ma mère, dit tout bas Edmond à madame de Péreux, dis que tu veux passer par Tours en revenant à Paris.

— Pourquoi? demanda madame de Péreux.

— Parce que j'ai un pèlerinage à y faire.

Madame de Péreux fit ce que voulait son fils, et l'on arriva à Tours.

En descendant de voiture, Edmond dit à Gustave qui ne l'avait pas demandé, mais qui devinait pourquoi Edmond avait voulu venir à Tours :

— Tu n'as rien à dire à Nichette?

— Tu vas la voir? demanda celui-ci.

— Oui, je lui dois bien cela.

— Serre-lui la main de ma part, voilà tout.

— Tu ne veux pas venir avec moi?

— Il vaut mieux qu'elle ne me voie plus.

Edmond s'enquit de mademoiselle Charlotte Toussaint. On lui indiqua la rue où était son magasin. Il s'y rendit.

C'était dans la rue de ***, un petit magasin bien coquettement simple, dont l'étalage se composait de bonnets, de broderies, de rubans de toutes sortes.

Avant d'entrer, Edmond regarda à travers les vitres du magasin.

Nichette était assise au comptoir. La pauvre petite était bien pâle, et portait une robe noire comme si elle eût été en deuil. Elle travaillait.

« Que de choses se sont passées, se dit Edmond, depuis que je l'ai vue, pour la dernière fois, travailler ainsi à sa fenêtre !... »

Il entra.

En entendant quelqu'un, Nichette leva la tête, et reconnaissant Edmond, elle poussa un cri.

Edmond s'avança vers elle, les bras ouverts; elle s'y précipita, les yeux inondés de larmes.

Rien n'eût été plus éloquent que cette émotion.

— Comment allez-vous, Edmond ? dit Nichette quand elle fut un peu remise, et avec la ferme intention de ne pas parler de Gustave.

— On m'a guéri, ma bonne Nichette, je suis sauvé.

— Tant mieux ! Combien je remercie Dieu de cela. Vous êtes seul ici ?

— Avec Antonine et...

— Et? demanda Nichette en pâlissant malgré elle.

— Et ma mère.

A l'intonation involontaire qu'Edmond donna à sa réponse, Nichette comprit que Gustave était dans la ville avec sa femme, et qu'Edmond le lui eût dit s'il ne l'avait vue pâlir.

— Vous retournez à Paris? demanda Nichette.

— Dans un instant. J'ai voulu m'arrêter à Tours pour vous embrasser, ma bonne Nichette, et vous dire combien je vous aime toujours.

— Je ne passe pas de jour que je ne songe à vous et au temps où je vous voyais si souvent. Vous rappelez-vous nos petits dîners de la rue Godot?

C'était le bon temps, pour moi du moins.

Et Nichette sentit de nouveau les larmes mouiller ses yeux. Edmond lui-même n'était pas maître de son émotion, et en voyant le chagrin de la pauvre fille, il se demandait comment Gustave avait eu le courage de la quitter.

— Ne parlons plus de cela, fit Nichette en essuyant ses yeux. Votre mère, votre femme se portent bien et vous aiment toujours?

— Oui.

— Soyez heureux, Edmond, c'est un de mes vœux les plus chers.

— Et vous, Nichette, êtes-vous heureuse ici?

— Oui, fit-elle avec un soupir; aussi heureuse que je puis l'être. Charlotte est une bonne fille, notre petite boutique est connue; oui, je suis heureuse.

Rien ne pouvait être plus navrant que la façon dont Nichette prononçait cela.

Pendant tout cet entretien, le nom de Gustave ne fut pas prononcé une seule fois; mais s'il n'était pas sur les lèvres, il était dans le cœur de Nichette.

Elle eût bien voulu qu'Edmond lui parlât de son ancien amant ; mais Edmond ne l'osa pas, dans la crainte de lui faire trop de peine; car elle n'eût pas manqué alors de le questionner, et elle ne pouvait, puisqu'il était heureux, apprendre que des choses qui l'eussent peinée.

Quand les deux chaises de poste quittèrent la ville, une femme voilée se cacha derrière un des premiers arbres de la route, pour ne pas être vue de ceux qui se trouvaient dedans, mais de façon à les voir.

— As-tu vu? dit Edmond tout bas à Gustave.

— Oui, dit celui-ci avec émotion; Nichette, n'est-ce pas?

— Elle est bien changée, va!

— Pauvre petite! murmura Gustave.

Et une larme monta de son cœur à ses yeux.

XII

ÉPILOGUE.

———

Si vous croyez que la poésie de la jeunesse dure jusqu'aux derniers jours;

Si vous vous asseyez encore sous l'arbre fleuri de vos illusions;

Si vous ne voulez connaître que le côté heureux de la vie;

Si vous niez le mélange de bien et

de mal avec lequel la nature a pétri le cœur humain;

Si rien ne vous a failli dans ce monde, si l'ami que vous aviez il y a dix ans est votre ami d'aujourd'hui, si la femme que vous aimiez ne vous a pas trompé; si, vivant encore avec elle, votre âme a conservé pour elle ses premières impressions, si vous n'avez pas de larmes à donner au passé, aumône que ce grand mendiant veut toujours qu'on lui jette;

Si vous croyez que, lorsqu'on a épousé la femme qu'on aime, que l'on vit, que l'on est riche et que l'on se porte bien, on n'a rien à souhaiter ni à regretter, fermez ce livre sur le dernier chapitre que vous avez lu; car, à vous qui pensez ainsi, je n'ai rien à dire que vous puissiez croire, car j'aurais honte de troubler votre âme dans ses croyances, et je veux vous laisser, si vous vous êtes intéressé au héros de mon livre, la joie de l'avoir vu guéri, heureux, aimé, lui que la mort avait déjà touché du doigt.

Mais si, au contraire, vous avez déjà fait l'expérience des choses terrestres, si vous savez que le cœur ne peut pas se nourrir toujours des mêmes joies, comme l'estomac ne peut accepter toujours les mêmes aliments, si la tombe vous a pris quelques-unes de vos amitiés, si le doute a détruit quelques-unes de vos illusions, si vous passez sans émotion près de celle que vous ne regardiez jadis qu'en tremblant, si vous dites déjà froidement les noms dont les syllabes vous ont fait tressaillir, causons ensemble, car nous

nous comprendrons, et vous vous direz comme moi, après le dernier mot de ce livre :

« C'est triste, mais c'est vrai. »

Certes, Edmond était heureux, et lorsqu'il revint à Paris, il eût été difficile de trouver dans la capitale du monde un homme plus content de son sort que lui. Il venait de voir Nichette, dont il n'avait jamais parlé à Gustave depuis le mariage de ce dernier, dans la crainte de lui faire de la peine, mais qu'il avait toujours espéré revoir et presser dans ses bras, car la reconnaissance était une des vertus d'Edmond. Il avait donc fait, en passant par Tours, ce qu'il devait faire, et c'était le cœur riche d'espérances et léger de regrets, qu'il rentrait dans la chambre où Antonine s'était donnée la première fois à lui.

Les souvenirs d'amour l'avaient accueilli et s'étaient mis à chanter quand il avait ouvert la porte, comme des oiseaux familiers dont on ouvre la cage. Tous les objets qu'il avait quittés avec la presque certitude de ne pas les revoir lui souriaient. Il éprouvait ce que Gustave avait éprouvé en revoyant la chambre de Nichette, seulement il n'avait pas, comme son ami, la douleur de causer un chagrin à la femme qu'il avait aimée; car la femme qu'il avait aimée, lui, il l'aimait encore.

C'est presque un sacrilége que d'aller s'embusquer, comme nous allons le faire, derrière les haies en fleur qui bordent le chemin d'Edmond, afin de surprendre les moindres actions de sa vie et de les commenter au profit de la froide réalité. Ne vaudrait-il pas mieux faire comme les conteurs d'autrefois, ou comme les vaudevilles de tous les temps, nous arrêter au mariage et laisser au lecteur supposer ce qu'il voudrait, c'est-à-dire que les époux s'aimeront toujours, comme Philémon et Baucis, et auront beaucoup d'enfants, comme les paysans de Florian?

La vérité trouverait-elle son compte à ce dénoûment simple? La vie est-elle dans la jeunesse, l'année est-elle dans le printemps? Faut-il perpétuellement dire aux hommes : Marchez sans crainte, la vie est belle, rien n'y ment, rien n'y trompe, rien n'y change? Si vous traversiez un chemin et que

vous y fussiez arrêté par des voleurs,
ne vous plaindriez-vous pas que ceux
qui connaissaient ce danger ne vous
eussent pas prévenu. Or, le roman
est plus qu'un miroir, c'est un avertissement. Il doit reproduire la vie
sous ses deux faces, et montrer les
deux visages de ce Janus moral qu'on
appelle le cœur humain. Si l'on en
fait une lorgnette enchantée montrant
à ceux qui regardent dedans la nature
sous un jour faux, ou même une
fausse nature, verte l'hiver comme l'été, éclairée dans toutes les saisons du
même soleil, il fera plus de mal encore que si, sans autre commentaire
que le fait, il reproduit comme une
glace ce qui passera devant lui. A quoi
bon un guide, et le roman doit en être
un, si ce guide ne me prévient pas des

précipices et ne me dit pas que je vais tomber dans un précipice, lorsque je crois mettre le pied sur des fleurs?

Le bonheur de longue durée est-il dans la vraisemblance humaine? sur douze mois, la nature n'est-elle pas dépouillée pendant six de rayons et de feuilles? Quel peintre de mœurs, désireux de rester vrai, a jamais osé présenter un homme constamment heureux? Aucun. Tous se sont courbés devant cette fatale nécessité qui a placé la vie de l'homme entre ces deux mots : L'espérance et le regret.

Prenons les trois livres typiques de cœur, de jeunesse et de passion : *Paul et Virginie, Werther* et *Manon Lescaut.*

Ni Bernardin de Saint-Pierre, ni Goethe, ni l'abbé Prévost n'ont osé faire vivre le héros de leur livre dans les conditions de bonheur où ils l'avaient placé. Toute la poésie de leur œuvre vient presque de la mort de celui que le lecteur voudrait voir vivre.

Faites que Virginie vive et épouse Paul; faites que Werther ne se brûle pas la cervelle et épouse Charlotte; faites que Manon ne trompe plus Des Grieux et vive avec lui comme il veut vivre avec elle, vous aurez, je l'avoue, un grand moment de joie en voyant heureux ces types aimés et sympathiques. Mais suivez ce bonheur, et vous verrez ce qu'il deviendra... Vous vous apercevrez bientôt qu'il est impossible, et que la mort seule pouvait poétiser ces amours jeunes, ces rêves passionnés, ces illusions charmantes que la vie, en se prolongeant, eût déchirés à toutes les ronces, eût foulés à chaque pas.

Oubliez que les trois poëtes ont fait mourir leurs héros, fermez les yeux et cherchez dans votre esprit ce qu'ils auraient été un jour.

Voyez-vous Paul et Virginie, ces deux êtres charmants, frais, jeunes, chastes, amoureux, poétiques, les voyez-vous devenir vieux; voyez-vous leurs joues se creuser, leurs cheveux blanchir, leur dos se voûter, leurs dents choir?...

Voyez-vous Werther et Charlotte, ridés, jaunis, marcher à pas tremblants, chantant : Souvenez-vous-en, comme M. et Mme Denis, de Désaugiers?...

Voyez-vous Manon et Des Grieux, ces deux symboles de l'amour terrestre dans ce qu'il a de plus fougueux et de plus insensé; les voyez-vous, tous deux perclus d'infirmités, en raison de la vie sensuelle qu'ils ont menée, asseoir face à face, dans deux grands fauteuils, leurs décrépitudes catarrheuses?...

Voyez-vous ce que la vie et l'âge auront fait de ces êtres charmants, parfums visibles, rayons animés, poésies vivantes?... Rien ne restera de leur passé, leur âme sera usée, leur corps sera méconnaissable, leur visage repoussant.

Allez donc demander à ces vieillards un écho des mots qu'ils disaient autrefois. Peut-être sont-ils sourds! peut-être ne se les rappellent-ils pas! peut-être en rient-ils!

Oui, si l'on veut laisser pur dans

l'esprit le souvenir des types que l'on a créés, il faut les faire retourner jeunes à Dieu; il faut que l'empreinte qu'on prendra de leur visage après leur mort soit agréable à voir et rappelle l'heureux temps de la vie; il faut qu'un sourire entr'ouvre leurs lèvres muettes, il faut que leur mort ait l'air d'un sommeil; il faut que les illusions soient venues s'asseoir à leur chevet, et qu'ils aient cessé de vivre en leur souriant.

Un poëte qui m'est cher a dit :

> C'est un bienfait du ciel de mourir à vingt ans,
> Et de ne pas sentir de nos jeunes années
> Se flétrir à nos fronts les couronnes fanées.

Il avait raison.

Le livre que nous écrivons aujourd'hui est fait sur ces trois vers. Si cependant, quand vous vous serez identifié avec votre personnage, quand vous l'aurez fait jeune, beau, amoureux, aimé, vous n'avez pas le courage de le tuer au milieu des enchantements dont vous l'ayez entouré ; si vous voulez lui laisser boire jusqu'à la dernière goutte la coupe où il vient de poser ses lèvres, si, en le laissant vivre, vous lui donnez tout ce qu'il souhaitait avoir, et que vous l'abandonniez là, sans dire ce qu'il devient, vous faites un livre charmant pour les petites filles de quatorze à quinze ans, mais vous faites une œuvre incomplète pour les hommes sérieux. Écoutez le conseil du poëte :

Le vase le plus pur a toujours une lie,
N'épuisons donc jamais la liqueur qu'à demi,
Et consacrant le reste au destin ennemi,
Faisons-en prudemment, quelque effort qu'il en coûte,
Une libation de la dernière goutte.

Si vous suivez votre personnage, il faut tôt ou tard que vous en arriviez au point que je disais tout à l'heure; car vous ne pouvez laisser à l'homme de cinquante ans le visage et les sensations que vous donnez à l'amoureux de vingt ans.

Eh bien! j'ai voulu faire cette étude sans partialité, sinon sans regret. J'ai doté Edmond de tous les enthousiasmes, de toutes les poésies, de toutes les illusions, de tous les amours de la jeunesse, je l'ai frappé d'une maladie dont il devait mourir à vingt-cinq ans.

Quant il a été au moment de mourir, quand sa mère, sa femme, son ami, personnifications de toutes les amours qui peuvent abriter l'homme, pleuraient à son chevet, parmi les quelques personnes qui veulent bien s'intéresser au développement de ce livre, et que je connais, je n'en ai pas trouvé une qui ne m'ait dit : « Ne faites pas mourir Edmond. »

Ainsi, la vie, c'est tout !... Respirer librement, marcher, boire, manger, avoir l'exercice de toutes ses facultés, voilà le bien suprême !... Et, rendre tout cela au malade qui se débat contre la mort, c'est lui donner le bonheur, surtout quand, comme Edmond, il trouvera autour de lui, en rouvrant les yeux, une mère, une femme, un ami, la jeunesse, la fortune, enfin, toutes les conditions du bonheur humain...

Soit !

Edmond a vécu, dans mon livre, comme il vit en réalité; car je ne me suis pas donné la peine d'inventer cette histoire : je l'ai écrite, calquée même sur les personnages qui vivent encore pour la plupart; seulement, je demande la permission de les suivre quelque temps après leur retour à Paris.

Deux ans après les événements que je viens de raconter, tous les personnages qui ont figuré dans cette histoire, à l'exception de Nichette, étaient réunis et dînaient dans la salle à manger de madame de Péreux.

Un enfant blond et rose, âgé de treize ou quatorze mois, était assis entre Gustave et Laurence.

Ce jour était le second anniversaire du mariage d'Antonine et d'Edmond.

Celui-ci n'était presque pas reconnaissable.

Au lieu du jeune homme pâle et mince que vous connaissez, figurez-vous un homme plus visiblement beau, enrichi d'un certain embonpoint, portant barbe et moustache.

M. Devaux se complaisait dans la vue de cette transformation qui était son ouvrage.

— Eh bien! il y a aujourd'hui trois ans que vous êtes mariés, mes enfants, dit le docteur; que de choses en trois ans!

— Que de choses heureuses! répondit madame de Péreux en souriant à son fils.

— Guérison complète, reprit M. Devaux, cela ne se voit pas une fois sur cent. Allons, à la santé d'Edmond!

Chacun des convives leva son verre de vin de Champagne en signe d'adhésion, le porta à ses lèvres et le replaça sur la table.

Edmond but le sien d'un seul trait, comme pour confirmer ce que le docteur venait de dire.

Le père d'Antonine le regarda faire avec admiration.

— Quelle cure! s'écria-t-il de nouveau. Il y a trois ans, ce verre de vin de Champagne, bu de cette façon, vous eût fait cracher le sang le lendemain et vous eût donné la fièvre pendant huit jours au moins. Ce soir, vous dormirez comme si vous aviez bu de l'eau. Quelle belle mission que la médecine, cette résurrection que Dieu a mise entre les mains de certains hommes! Moi, je ne guéris pas un malade sans éprouver une émotion toute chrétienne.

— Et moi, me guérirez-vous, docteur, demanda madame de Péreux, moi qui, depuis qu'Edmond a été malade, ai des douleurs de cœur qui m'étouffent parfois?

— La médecine n'a rien à faire à cela, répondit M. Devaux. C'est une douleur morale qui vous a rendue malade, c'est le bonheur qui vous guérira. Êtes-vous heureuse?

— Comment ne le serais-je pas?...

— Alors vous n'avez rien à craindre.

Pendant que cette conversation avait lieu, Antonine regardait attentivement son mari. Celui-ci, qui avait très-grande faim, paraissait ne prêter qu'une médiocre attention à ce que disaient sa mère et M. Devaux.

— Qu'est-ce que tu fais ce soir? demanda-t-il tout à coup à Gustave.

— Je reste ici, répondit Daumont; et toi?

— Moi, j'ai promis d'aller faire visite à M. de ***. Tu le permets, ma chère mère, tu me donnes congé ce soir?

— Va, cher enfant, va. Je te permets tout, excepté d'être malade.

Antonine leva sur Edmond un regard presque suppliant que celui-ci évita, mais qui n'échappa point à Gustave.

Quand le dîner qui touchait à sa fin fut terminé, Gustave s'approcha d'Edmond.

— Tu devrais ne pas sortir, lui dit-il.

— Pourquoi?

— Parce que cela fait de la peine à Antonine.

— Antonine est une enfant, répondit Edmond. Si je l'écoutais, je ne sortirais jamais d'ici.

— Il faut lui pardonner cela, elle t'aime tant !

— Les femmes sont ainsi faites, que tôt ou tard leur amour devient de la tyrannie. Quel mal y a-t-il que j'aille faire une visite à M. de ***, chez qui j'ai dîné l'autre jour?

— Antonine est jalouse.

— De qui?

— De la femme de M. de ***.

— Elle est jalouse de tout le monde. Elle est folle !

Pendant qu'Edmond et Gustave causaient ainsi, Antonine s'était approchée de Laurence.

— Vous voyez, lui dit-elle, il y va encore ce soir.

— Voyons, ne vous faites pas de

peine, répondit Laurence; vous vous inquiétez à tort. Edmond vous aime plus que jamais.

— Qui m'aurait dit cela! fit Antonine avec un soupir d'une tristesse infinie.

— Qu'y a-t-il? demanda tout bas M. de Mortonne en s'approchant des deux femmes.

— Il y a, répliqua Laurence, qu'Antonine est peinée de voir que son mari va si souvent chez M. de ***. Elle croit qu'il fait la cour à sa femme.

— Laissez-le aller, dit M. de Mortonne, c'est le moyen qu'il revienne. Plus vous voudrez l'en empêcher, plus il s'y entêtera. Qu'est-ce que cela vous ferait qu'il fît un peu sa cour à madame de ***? Vous savez bien qu'il n'aime que vous.

— Triste consolation, murmura Antonine dont les yeux commençaient à se mouiller.

— Voyez donc comme il est fort et bien portant, disait madame de Péreux à M. Devaux, en lui montrant Edmond qui venait d'allumer un cigare. Que je suis heureuse, docteur, et combien ne vous dois-je pas!...

— M'accompagnes-tu un peu, dit Edmond à Gustave, en prenant son chapeau?

— Non, je reste avec ces dames.

— Adieu, alors.

— Tu t'en vas déjà? dit Antonine à son mari, en le voyant se disposer à sortir.

— Oui.

— Rentreras-tu bientôt?

— Dans une heure je serai ici.

— Bien sûr?

— Bien sûr.

Antonine tendit son front à son mari qui l'embrassa.

— Ne sors pas ce soir, lui dit-elle tout bas, en essayant de le retenir.

— Ah ça! pourquoi tiens-tu tant à ce que je ne sorte pas?

— Il y a aujourd'hui trois ans que nous sommes mariés, tu peux bien me sacrifier toute cette journée.

Edmond haussa les épaules et remit son chapeau sur la table avec un geste d'impatience.

— Sors, puisque tu y tiens tant, lui dit sa femme.

— Non, puisque tu veux que je reste.

— Je ne le veux pas, je le désire, à cause de nos amis qui sont venus ici fêter cet anniversaire.

—J'avais oublié que cet anniversaire fût aujourd'hui.

— Déjà! dit Antonine. Tu ne m'aimes donc plus, Edmond?

Edmond reprit son chapeau.

— Si c'est pour me faire une scène de sentiment que tu me retiens, dit-il, cela ne sera pas amusant.

— Sors, mon ami, c'est moi qui ai tort. Embrasse-moi encore. Ainsi, dans une heure, tu seras ici?

— Dans une heure.

Antonine sourit à son mari qui quitta le salon.

— Il ne sera pas de retour à minuit, murmura-t-elle.

— Qu'avez-vous donc, chère enfant, dit madame de Péreux à Antonine, vous paraissez triste?

— Je n'ai rien, ma mère, répondit Antonine, rien, en vérité.

—Edmond qui sort un peu souvent, c'est cela qui vous chagrine. Mais il ne sort que parce qu'il sait que vous n'êtes pas seule et que nous sommes avec vous. Tous les jeunes gens sont comme lui. Songez donc qu'il n'a que vingt-six ans, et qu'à cet âge un homme a besoin de distractions.

Quoi qu'il fût arrivé, madame de Péreux eût toujours donné raison à son fils. La santé et le bonheur de son enfant, c'était tout ce qu'elle voulait; aussi n'était-ce pas à elle qu'Antonine venait se plaindre, car elle savait bien à quoi s'en tenir là-dessus.

Gustave, le commandant, madame de Mortonne et le docteur se mirent à une table et commencèrent un whist.

Cela n'amusait pas beaucoup Daumont, mais cela amusait tant les trois autres partners que, pour leur faire plaisir, il se mettait toujours de la partie.

Avant de s'asseoir à la table, Gustave embrassa son fils et sa femme, qui avait pris l'enfant sur ses genoux et qui causait avec Antonine sur un canapé, tandis que madame de Péreux allait prendre un livre et en achevait la lecture aux derniers rayons du jour.

Antonine regardait à chaque instant la pendule. Une heure et demie se passa ainsi.

Tout à coup Antonine se leva.

— Où allez-vous ? lui dit Laurence.

— Je vais un instant chez moi.

— Voulez-vous que je vous accompagne?

— Sans doute.

Laurence voyait Antonine si triste, qu'elle ne voulait pas la quitter, tant elle craignait que cette tristesse ne se changeât en désespoir.

— Mon Dieu, mon Dieu! que je suis malheureuse!... fit Antonine en se laissant tomber sur une chaise et en pleurant à chaudes larmes.

— Voyons, mon amie, ma sœur, lui dit Laurence, ne pleurez pas ainsi.

— Il aime cette femme, répétait Antonine, j'en suis sûre..., il devrait être de retour depuis une demi-heure.

—Vous vous alarmez à tort, calmez-vous. Il aura été retenu malgré lui.

— S'il n'y avait que cela, je ne dirais rien, répondit Antonine; mais je vois bien comme Edmond est changé. Si vous l'aviez vu autrefois, vous ne le reconnaîtriez plus. Il était jaloux de mes moindres pensées, il ne voulait même pas que ma femme de chambre me touchât. Maintenant il me laisse seule des journées entières. Il est vrai que maintenant il a tout l'avenir devant lui, tandis qu'à cette époque il croyait sa mort prochaine. Son amour ne venait-il que de cette conviction? Il y a des moments où je le crois. Eût-il donc mieux valu que mon père ne le sauvât pas? La mort seule eût mis un terme à son amour, tandis que, je vous le répète, Laurence, je suis sûre qu'il aime une autre femme que moi.

En ce moment, Gustave entra.

— Je vous ai vues sortir ensemble, dit-il aux deux femmes, qu'arrive-t-il?

— Laurence montra Antonine à Gustave.

— Elle pleure, dit-il.

— Mon bon Gustave, fit Antonine en prenant la main de Daumont, vous ne faites pas de peine à votre femme, vous...

— Vous êtes une enfant, dit le jeune homme à Antonine, Edmond vous aime.

— C'est ce que je lui disais, ajouta Laurence ; mais elle regarda Gustave comme une femme qui sait qu'elle ne dit pas ce qu'elle pense.

— Reste avec elle, dit tout bas Gustave à Laurence, moi je vais aller au-devant d'Edmond, et j'aurai une explication avec lui, car ce qu'il fait est mal.

— C'est cela ; tu nous retrouveras ici.

Gustave serra la main de sa femme et disparut.

M. de ***, chez qui Edmond était allé, demeurait sur le boulevard des Italiens; Gustave était connu de lui; il n'y avait donc rien d'étonnant qu'il vînt lui faire visite.

— Monsieur n'y est pas, répondit le domestique à Daumont ; mais madame y est.

— Annoncez-moi.

Gustave trouva Edmond avec madame de ***. Tous deux furent assez étonnés de le voir. Gustave était résolu à frapper un grand coup tout de suite.

— Je vous demande pardon, madame, dit-il, de me présenter si tard chez vous, mais madame Antonine de Péreux est indisposée et je venais chercher Edmond que je savais ici.

Du moment qu'il était tard pour se

présenter chez une femme, il était tard pour y rester.

Madame de *** comprit l'intention de Gustave, elle rougit, et s'adressant à Edmond, elle lui dit :

— Je ne vous retiens pas, monsieur, et je vous prie de présenter mes sincères compliments à madame de Péreux, dont, je l'espère, l'indisposition sera sans gravité.

Les deux jeunes gens prirent congé de madame de ***.

— Que signifie cela? dit Edmond à Gustave quand ils furent dehors.

— Cela signifie, mon cher ami, répondit Daumont d'une voix un peu sévère, que tu te conduis mal avec Antonine.

— Et c'est toi qui t'es chargé de me faire de la morale?

— Oui.

— Tu as eu tort; parce que la morale ne m'amuse pas.

— Tu l'écouteras cependant.

— Je sais que c'est un des droits de l'amitié. Parle.

— Tu trompes Antonine.

— Cela ne regarde que moi, en tous cas.

— Cela me regarde, moi, qui, il y a trois ans, ai été demander à mademoiselle Devaux qu'elle consentît à être ta femme; car à cette époque tu n'aimais qu'elle, et tu me sautas au cou quand je t'annonçai à sa porte qu'elle voulait bien t'épouser.

— Il y a trois ans de cela....

— Eh bien?

— Eh bien, mon cher, il se passe bien des choses en trois ans. A cette époque-là, je crachais le sang, je croyais avoir deux ans à vivre; maintenant je me porte comme toi, et la vie m'apparaît autrement. J'aime toujours Antonine, mais je l'aime comme on aime après trois ans de mariage passés continuellement avec sa femme. On ne peut pas toujours être aux pieds de sa femme comme aux premiers jours. L'amitié, l'affection tranquille succède aux premiers emportements; puis, je le répète, quand on croit que l'on va mourir, on dit et l'on fait bien des choses que l'on trouve presque ridicules quand on est guéri.

J'ai vingt-six ans, je suis marié; mais, que diable! je ne compte pas ne vivre qu'avec ma femme, comme si j'avais soixante ans.

— Et alors, tu la feras souffrir pour un caprice que tu as?

— La vie se passe à cela, mon cher; et si Antonine n'était pas entourée de gens qui lui montent la tête, elle ne souffrirait pas.

— Est-ce pour moi que tu dis cela?

Edmond ne répondit rien.

— Tu n'as donc plus rien dans le cœur, lui dit Gustave; tu oublies tes amitiés. C'est mal, Edmond, c'est bien mal. L'oubli dans certains cas, c'est de l'ingratitude.

— Est-ce que tu te souviens de Nichette que tu aimais tant, toi? Non.

— Mais enfin, c'est à M. Devaux que tu dois la vie, et par reconnaissance, sinon par amour, tu devrais rendre sa fille heureuse. Tu ne réponds pas?

— Non.

— Pourquoi?

— Parce qu'à la tournure que les choses prennent, je ne suis pas bien sûr que je lui sois reconnaissant de ce qu'il a fait.

— Que dis-tu?

— Je dis qu'il y a des moments où, si ce n'était que cela eût fait mourir ma mère, je me demande s'il ne vaudrait pas mieux que je fusse mort il y a deux ans. Je serais mort regrettant la vie, croyant à l'amour pur, convaincu que j'eusse été heureux dans ce monde, tandis que maintenant, s'il faut que je te l'avoue, il me semble que je n'étais pas fait pour le mariage; je sens que je rends Antonine malheureuse, et je ne puis faire autrement. Je m'aperçois que je ne l'aimais peut-être qu'en raison du peu de temps que j'avais à vivre. L'autre jour, j'ai relu la lettre que je lui ai écrite en apprenant son consentement, et je l'ai trouvée... ridicule. J'ai dépensé en un an ou deux la somme de bonheur que j'avais reçue de Dieu, et quand je me suis vu en face de longues années à vivre, je me suis trouvé dans la position d'un homme ruiné en face de ses dettes. Enfin, pour ne te rien cacher, il y a des jours, jours fréquents, où je m'ennuie et où je suis forcé d'aller demander au dehors les distractions que je ne trouve plus chez moi. Je sais qu'Antonine m'aime..... je sais qu'elle est belle, qu'elle est dévouée, que je lui dois la vie, qu'elle mourrait demain si je mourais; je l'estime comme une

sainte, je la bénis comme ma mère...;
mais, c'est triste à dire, je ne l'aime
plus, et il me semble que je ne l'ai jamais aimée.

— Pauvre Antonine! fit Gustave.

— Je la plains comme toi, dit Edmond.

— Mais, au moins, es-tu heureux?

— Veux-tu savoir la vérité?

— Oui.

— Eh bien! je donnerais toutes les
années que j'ai à vivre maintenant
pour six mois comme ceux qui ont
suivi mon mariage.

Ils étaient arrivés rue des Trois-
Frères. Gustave était ému et triste;
Edmond passait de temps en temps la
main sur son front, comme un homme
qui voudrait chasser une pensée fatigante.

ÉPILOGUE.

« Il a raison, se disait Gustave. La vie est donc ainsi faite qu'il faut que l'homme, tout en le regrettant, abandonne ce qu'il a aimé!..... A peine si j'ai le droit de faire des reproches à Edmond. J'ai fait souffrir à Nichette ce qu'il fait souffrir à Antonine. Ai-je bien fait? »

En disant cela, il ouvrait la porte de la chambre d'Antonine, et Laurence, son enfant dans les bras, venait au-devant de lui, chaste, belle et souriante.

C'était une réponse affirmative à la question qu'il venait de se poser.

Edmond alla à Antonine et lui tendit la main. Celle-ci se précipita à son cou.

Le cœur d'Edmond ne battait pas.

Il y a dix ans que les faits que nous venons de raconter ont eu lieu.

Madame de Péreux est morte en souriant à son fils qu'elle croyait heureux, et cette mort, comme vous le pensez bien, n'a pas guéri Edmond de ses désenchantements sur la vie. — Cependant il en parle aujourd'hui sans émotion.

M. et Mme de Mortonne vivent toujours; seulement madame de Mortonne est paralysée.

M. Devaux se porte à merveille, et la cure d'Edmond a augmenté sa clientèle.

Gustave et Laurence étaient dernièrement dans la petite église de Nice, où ils voyaient leur fils faire sa première communion. Depuis la maladie de madame de Mortonne, ils sont retournés habiter cette ville avec elle et le commandant.

Edmond est préfet à X***.

Toutes les poésies de sa vie se sont réduites à cette pauvre ambition.

Il est l'amant de la femme d'un avoué de la ville, femme d'une quarantaine d'années. Tout le monde le sait, jusqu'à Antonine, qui en rit quand elle en parle!

Si vous allez à Tours, et que vous passiez dans la rue de Paris, vous verrez cette inscription: *Madame Lacroix; Modes et Mercerie.*

Cette madame Lacroix c'est Nichette qui, deux ans après son arrivée à Tours, a épousé le fils d'un libraire, lequel avait son magasin en face du sien. La voyant si triste, il lui prêtait des livres pour la distraire. A force de vouloir la consoler, il est devenu amoureux d'elle, elle a fini par l'aimer, et l'on cite leur ménage comme un modèle d'union et de joies intérieures.

Madame Angélique a la goutte, mais elle a fini le *Château de Kenilworth*.

TABLE DES CHAPITRES

DU DEUXIÈME VOLUME.

	Pages.
I. Serment fait, serment tenu.	5
II. Un moyen de jeune fille.	35
III. L'oubli de l'avenir.	53
IV. Nice.	79
V. La mort vient.	111
VI. Une nouvelle connaissance.	127
VII. Le premier mensonge de Gustave.	157
VIII. Ce qui devait arriver tôt ou tard.	187
IX. Épreuve.	219
X. Pauvre Nichette.	253
XI. Guérison.	275
XII. Épilogue.	299

— SOUS PRESSE. —

TROIS HOMMES FORTS,
Par Alexandre DUMAS fils.

MÉMOIRES DE TALMA
PUBLIÉS PAR SA FAMILLE
ET MIS EN ORDRE
PAR ALEXANDRE DUMAS.

NOBLESSE OBLIGE
Par F. DE BAZANCOURT.

LES QUATRE NAPOLITAINES
TOMES 5 ET 6.
PAR FRÉDÉRIC SOULIÉ.

LA TERRE PROMISE,
PAR ALPHONSE BROT.

SOLANGE DE FRESNE,
PAR A. DESLOGE.

LES DEGRÉS DE L'ÉCHELLE,
TOMES 3 ET 4.
Par M⁻ᵉ la Comtesse D'ASH.

www.ingramcontent.com/pod-product-compliance
Lightning Source LLC
Chambersburg PA
CBHW072004150426
43194CB00008B/992